忘れない！

明日へ

共に

東日本大震災・原発事故と保育

『現代と保育』編集部編

ひとなる書房

contents

忘れない！明日へ共に

東日本大震災・原発事故と保育

岩手

命の重さを抱きしめて　八木澤弓美子　岩手・大槌保育園園長　005

バトンをつなぐ　中西純子　東社協保育士会ＯＢ　039

福島

学び合い、考え合い、支え合う　鈴木直子　福島・さくら保育園保育士　047

おれたちは、もう外で遊びたいんだ！　大澤由記　福島・さくらみなみ保育園保護者　067

親しい友人の話に耳を傾ける気持ちで　菊地知子　お茶の水女子大学　087

宮城

命の視点から保育と保育制度を問う　藤崎隆　宮城・なかよし保育園園長　097

街の復興、心の復興　猪熊弘子　ジャーナリスト　128

子どもたちが問いかける「もう一つの生き方」　大宮勇雄　福島大学　135

命の重さを抱きしめて

八木澤弓美子
岩手・大槌保育園園長

大槌保育園がある岩手県上閉伊郡大槌町は、太平洋に面したリアス式海岸の景観が美しい岩手県三陸海岸のほぼ中央に位置し、「ひょっこりひょうたん島」のモデルとなった蓬萊島があり、海の幸が豊富で、四季折々たくさんおいしいものが獲れるところだった。

そんな大槌の街は二〇一一年三月十一日の東日本大震災で街の五二％が津波で壊滅的な被害を受け、一月三十一日現在で死者八百二名、行方不明者四百七十九名（震災前の人口は一万五千二百七十七人だった）、これは岩手県全体の死者・行方不明者数のおよそ二一・五％を占めている。

私がここに書き記すことは震災時、子どもたちと避難した状況と、その後どのように子どもたちと向き合ってきたかという真実だ。この間、子どもたちや職員、保護者の方々とさまざまな環境の中で、いろいろなことを経験し、その時その時にみんなで話し合い向き合ってきた。どんなにつらいことでも逃げずに正面から向き合おうと誓い合った職員（仲間）との大切な時間でもあった。

感じることは人それぞれ違うとは思うが、私がここに書き記すこと以外に、もっとつらい体験をされた方、今でも思い出すだけで前に進めない方がたくさんいらっしゃるということを知っていただき、そのうえで、今この時、この瞬間を大切に復興への道のりを歩んでいるということ、明日は自分の身に起こりうることとして考えていただけたらと思う。

大槌保育園は二〇〇九年四月に大槌町からの委託を受け町立保育所と統合。子育て支援センターを併設し、本園舎に新築移転した。定員六十名から九十名へ変更し、震災時は、〇歳児十一名・一歳児十六名・二歳児十七名・三歳児二十六名・四歳児十六名・五歳児二十七名、計百十三名の園児をお預かりしていた。

二〇一一年三月十一日。午後二時四十六分……。

卒園に向けての準備や新園児面接の準備など、普段と変わりない生活。子どもたちは午睡から目覚めたばかりだった。小刻みにカタカタと揺れはじめ、その揺れはだんだん大きくなっていく……。

子どもたちの泣き声が聞こえてきたため、園内放送で「地震です。先生のそばに集まってください。大丈夫、こわくないからね」と放送すると同時に、揺れはおさまるどころかますます強く激しくなって、大きな船に揺られているかのようだった。

揺れている最中に各部屋を回ってみると、すでに子どもたちは先生に防災頭巾を手渡され、三・四・五歳児は頭にかぶっていた。園庭を見ると大きく地割れしていて「これはただごとじゃない！」と直感した。長い揺れの中、園内はすぐに停電となり非常灯に……。「大津波警報が発令されました」と一度だけ言った防災無線……。園内放送も機能しない……。再度、各クラスを回ってみると先生方がすでに子どもたちにジャンパーを着せてくれていたのですぐに避難することができる！　と思った。

避難訓練では一度、園庭に整列し人数を確認してからまたさらに避難場所へ、という訓練をしていたが、そんな時間はないと判断し、準備できたクラスからすぐに避難するように指示した。町の指定の避難場所には風雨をしのぐ建物がなく、独自に地域の方々から聞いて津波避難場所と決めていた高台にあるコンビニエンスストアに駆け上がった。

五分で避難

北海道南西沖地震、いわゆる奥尻地震ではマグニチュード七・八、震度六、津波の第一波は地震発生後五分、第二波はそれから十分後と言われていたので、私たちもコンビニまで五分以内に走る訓練をしていた。避難訓練も、「宮城県沖地震は九九・九％の確率で来るから、いつ起きるかわからないよね」と常に担当者と話し合い、職員や子どもたちにはあらかじめ知らせずに行う「シークレット」の避難訓練も行ってきており、そのうちの一回はお昼寝中に行った。

○歳児が十一名の赤ちゃん組は保育士が四人。国の最低基準配置は園児三人に保育士一人となっているが、到底一人で三人の子どもを避難させるのは困難だ。そこで保育士四人の他に給食担当の栄養士や調理師、支援センター担当の職員にも避難時の担当者を決め、持ち場の安全を確認したあと、避難時の応援を頼み訓練もしていた。

避難訓練の時にいつも「足が痛い」「靴が脱げた」などと弱音をはく子どもたちも、その時は必死に真剣に走り、私が最後のクラスを見送った時には先頭のクラスはすでにコンビニがある国道へ上がっているのが見えた。

電信柱が倒れてる!

園舎の戸締りをし、私が国道に上がってみると、そこには今まで見たこともない光景が飛び込んできた。信号は止まり道路は渋滞。子どもたちも道路を横断できずに職員が困惑していた。コンビニの駐車場は大型トラックが十台以上も入ってきて身動きが取れず視界も遮られていた。保護者の方々も早い時間からお迎えに来てくれて、確認しながら子どもたちをお渡しした。

ふと横を見ると、何人もの人たちが血相を変えてこちらに逃げてくるのが見えた。しかし、この場所は安全と思っていたコンビニにはだれも入らず、みんな通り過ぎていく。

「あれ？　火事じゃない？」

後ろにいた男性が言った。視線の方を見ると遠くに見える水門付近が砂煙で茶色に変色している。

「あっ‼　電信柱が倒れてる‼」

職員がそう叫んだのでよく見ると、平行に並んだ電信柱が次々にゆっくりと倒れているのが見えた。

「津波だぁ！！！！」

また後ろにいた男性が叫んだのでとっさに「この場所も危ない‼」と思い、「ここもダメかもしれない……。ここより高い所に行こう‼」と、残った四十人ほどの子どもたちをまたおんぶ・避難車・手をつないで、コンビニよりまたさらに高い国道トンネル方面へ行くことを指示した。今思えば、それは先人からの「津波の時は高台！　今いる場所より高いところへ！」という言い伝えがどこかに残っていたのかもしれない。

コンビニを出てトンネル方面へ向かう歩道を必死で走っていると、ゴォ～～～～！！！！バキバキバキィ～～～！！！！！　今まで聞いたこともないような爆音が、左の方から聞こえたかと思う間もなく津波が‼

「先生～～‼　こわぁ～～～い！！！」

「きゃ〜〜〜〜！！！！」

波をかぶってしまうのではないかと思うほどの勢いで津波が襲ってきた。まるでおもちゃのように家や車を呑みこみながらこちらに迫ってくる。足がブルブル震えていたが、とにかく子どもたちを安全な場所に避難させなくては！　津波の勢いはすさまじく、一体どの辺まで来るのか想像すらできない。ただ無我夢中で国道を走った。「がんばって！　もう少し！　先生のそばにいれば大丈夫だよ！」と子どもたちを励ます職員と共に！　必死だった……。子どもの手をつなぎ走りながら、「山に上がるしかない!!」と決断した。近くのショッピングセンターの店員さんたちが先に避難していたので、「助けてください！　子どもたちを山に上げるので手伝っていただいてもいいですか?!」走りながらそう叫んでいた。ふと山頂を見上げるとかなり高い所まで人が登っていた。

「あそこまで行かないと津波にのまれるんだ……」

とにかく上へ上へ……。斜度三十度ほどの急斜面を四つん這いになって懸命に登った。

寒さと恐怖の中で

山頂でも余震が断続的に起き、時間の経過と共に気温も下がりはじめる。足で踏ん張っていないとずり落ちていきそうな急斜面……。切り株に足を押しつけ踏ん張った状態で子どもたちを囲み暖を取る。「こわい」と「寒い」の連続で本当に子どもたちは不安だっただろう……。

大槌市街地の津波や火災、本園舎が津波にのまれ屋根だけになっている光景。本当に悔しくて悔しくて涙があふれてきた。大槌の街が……いえ、日本が沈没していくのかもしれないと思うほどの大惨事が次々と目に飛び込んできて不安な気持ちの反面、この子たちは何が何でも助けなければ！　と強く思っていた。

何時間山頂にいたのか……。とにかく寒く、子どもたちも職員の背中や足の間に入り、ショッピングセンターの店員さん方からいただいた毛布にくるまったり、背中で寝てしまう子もいた。小さい組の職員が機転をきかせて避難車に積んでくれた毛布も子どもたちにはホッカイロのようにあたたかかったに違いない。

暗くなる前に山を下りようということになり、麓に下りた時には大粒の雪が降ってきた。国道沿いにある「南部屋産業」という会社の社長さんが「子どもたち寒いだろうからうちの建物に入っていいよ」と言ってくださった。そこには、じゅうたんが敷いてあり、反射式のストーブが用意されていた。

迫る火災

しかし、市街地の火災がひどく、私たちのいる方向へ迫ってきていた。プロパンやガソリンスタンドへ延焼し大きな爆音と共に黒煙が上がり、その勢いは想像以上だった。川や海に流れれば鎮火するかもしれない……。そんな淡い期待も大幅に裏切られ、どんどん勢いは増し、自分たちのいる場所へはあと数百メートルという距離まで来た！

足が止まってしまった私たちにはもう成すべきことはないのか……。そう思っていた時、消防署員の方が誘導に駆けつけてくれ、避難先となった大槌弓道場に向けて、そこからまたさらに子どもたち優先に避難することになった。

弓道場へ入るとそこではじめてあたたかいおにぎりをいただいた。ラップに包まれたゴルフボールほどの真っ白いおにぎりだったが、子どもたちは何も食べていなかったので、みんなおいしそうにおにぎりを頬張っていた。

とにかく寒かったので、職員で輪になり子どもたちを足の間に入れて毛布に包み、できるだけ隙間をあけないように眠ることにした。職員はホッカイロを貼っても貼っても寒く、横になると子どもたちが不安がるので、子どもたちを足の間に入れたまま座って眠るが、余震と寒さ、子どもたちの様子が気になり、ほとんど一睡もできなかった。

おばあちゃん、生きて！

次の日の朝……。お昼近くに配られたお弁当。全部で六個。子どもたちは三十人。六グループに分け少しずつ分けて食べさせた。ポテトチップスやポッキーもいただいたので、それもみんなで輪になって食べさせた。

間もなくして、全身ずぶ濡れになったおばあちゃんが搬送されてきた。聞けば隣町の防災センターに避難したが、建物ごと津波に襲われ、二階に避難したその方は、天井まで数センチの隙間に顔を出し、息をして耐え、一晩水に浸かった状態で発見され、ヘリコプターで救助されたという。「寒い……寒い……」と頭の先からつま先まで全身びしょ濡れで、ありえないほど震えていた。

「ダメだ……。このままでは死んでしまう……」

「おばあちゃん!!　服全部脱がせるよ!!」

とにかく濡れている物が体に密着しているだけで体温を低下させてしまうと思ったので、看護師と共に服を脱がせ毛布三枚で包み、ホッカイロをその上から全身に貼りストーブのそばで体をさすった。何度体をさすってもガタガタと体が震え、話もできないほどだった。

「がんばろう!!　ばあちゃん!!」

反射式のストーブで沸かしたお湯を何度も飲ませたり、ホッカイロを代えたり、とにかく「生きて!!」の一念だった。

うちの子どもたちもさすがに夜は泣いてしまうだろうと覚悟していたが、どの子もわがままを言わず先生たちに寄り添って眠った。この日も停電したままだったので、夜は十八時ぐらいには床につき、朝は太陽が昇ると同時に目覚める。

子どもたちを保護者の元へ

三日目になると地域の方々が炊き出しで作ってくれたおにぎりが朝ホカホカの状態で届いた。それも味噌おにぎりだった。まずは子どもたちに一個ずつ。そしてずぶ濡れになったおばあちゃん。

「ばあちゃん、おにぎりあたたかいから食べて」

一口ずつ口に入れてあげると「こんなにおいしいおにぎりははじめてだ……」と、おばあちゃんがはじめて話した。

「寒いのもようやくあたたかくなってきたよ……」

助かった……。生きてくれたとうれしくなった。

そのうちに、隣町から歩いて帰ってらしたお父さんやお母さんが次々にお迎えに来た。

「よかったぁ！！！　生きててくれたぁ!!」

子どもたちの顔を見るや否や泣きながら抱きしめて対面する姿を見て、私たちもホッとした。

こうして三日目に私たちといっしょに避難した子どもたちは全員無事に保護者の元へお返しすることができた。

「先生！　どこも津波でやられて何もないよ……」

保護者のその一言を聞いて、自分の家族は？　と急に不安になった。今度は自分たちの家族の安否を確かめるため、それぞれ避難所をあとにし歩いてわが家へ戻ることにした。

何もないってどういうこと？

「何もない……」という保護者の言葉が、現実として自分の目の前に次々と飛び込んできて、茫然と立ち尽くし言葉を失った。広い国道には津波が運んできた泥や家、ありとあらゆる物が散乱し、通るのが困難なほどの細い道が一本あるだけ。みんな車も流されたため歩いて帰るしかなく、いつになったら着くんだろうと思いながら、一変してしまった街をただひたすら歩いた。

電信柱がすべて倒れてしまったことによる停電はすべての生活環境を変えた。

生まれてはじめてお風呂に十日間も入れないという経験。夕方は十七時ぐらいからローソクや懐中電灯をつけ、暗闇の中での不安な夜。水が止まったことにより、川で洗濯をしたり茶碗を洗ったり……。昔の人はこれが当たり前の生活だったのだろうとふと思ったりした。なんて贅沢な暮らしをしていたのだろう……。ガスはプロパンガスの家庭はすぐに使えたが、都市ガス化していた地域は完全復旧まで二ヵ月ほどかかった。

携帯電話は依然不通のままで、一週間ほどで避難所に衛星電話が設置された。「一人二分まで」と張り紙されていて、仙台にいる息子や実家の母へ、とにかく無事でいることを伝えた。二週間ほどしてから、移動基地局がある場所へ行けば携帯電話が通じるようになり、受信したメールの件数が百件を超えていた。ガソリンの供給もストップし、スタンドには連日三百台を超える車両が並ぶが給油できるのは限られた台数のみだった（自分は車が流されたのであまり関係はなかったが）。被災を免れた商店からはすべての商品が消えた。「お一人様五個まで」という張り紙も空しく、すべての物流が止まってしまった。

もう保育士は辞めよう

震災から五日目に子どもたちの安否確認をする中で、保護者の元へお渡しした九名の子どもたちが保護者と共に行方不明になっていることを知る。

「お願い！　無事でいて！」

隣町の釜石市の避難所も探したが、いるはずもなく……。遺体の捜索や安置所もまわり、変わり果てた子どもとの再会……。寒々とした体育館に青いブルーシートに包まれたご遺体が所狭しと並んでいる光景に慣れていく自分が許せなかった。

五月はじめに見つかった園児は、最後に私が引き渡した子どもだった。小さな右手だけを見た時すぐにわかった……。そばにいた自衛官の方が、「火災は千度を超える温度だったと思うので、小さいお子さんは溶けてしまったのでしょう……」と小さな声で言った。小さなその手を頬にあてると二ヵ月も経っているのにまだあたたかく、どんなにかこわい思いをしたのだろうと号泣した。今でも「こわい」と言って私の左足にしがみついていたあの日の感触が何かの弾みで蘇ることがある。

眠れぬ夜が続き、目を閉じて浮かんでくるのは変わり果てた子どもたちやママの姿。

「なんで帰してしまったんだろう……」

「自分がもう少し早く状況を確認していればいっしょに逃げたはず……」

ずっとずっとこんな想いを抱いていた……。正直、だれと会話するのもイヤ……。保育園を見るのもイヤ……。普段から職員には「子どもの命を預かっているのだから」とかっこいいことを言っている自分がなぜ助けられなかったのか……。保育士の仕事って何？？　自分が代わりに津波にのまれてしまえばよかったのに……と思いつめた。深い悲しみと絶望に襲われ、もうこの仕事は辞めよう、保育園の再開など無理だと思っていた。

そんな時、震災当日宮古へ出張していた事務員と二週間ぶりに連絡が取れ、震災後バラバラになってしまった職員とほぼ三週間ぶりに再会した時のあの安心感は今でも忘れることができない。「園長一人が抱えることじゃない」と言ってくれたみんなのあたたかさが身に染みた。そして、みんなで悲しみを分け合い、涙し、「私だけが苦しい想いをしてたんじゃなかったんだ」と思えたその瞬間、「よし！　前を向こう！」という気持ちになった。

保育園再開へむけて

「先生！　いつ保育園やるんですか？」

「待ってますね」

「命を救ってくれてありがとうございました」

こんな保護者さんからのあたたかい言葉にもたくさん支えられた。

それからはじまった園舎の泥だし。私と事務員がさまざまな事務整理に追われている間に、職員が涙と寒さに震えながら毎日毎日重たい泥をかきだす日々……。すぐにでも園舎を改修し、再開を急ごうと建設業者を探したりしたが、「一度浸水した場所での保育再開は、災害危険区域に指定される可能性があるため、町の復興計画策定まではダメです」と行政からのストップ。

プレハブはと言えば、仮設住宅のほうにまわり、三ヵ月ほど待たなければならない。

避難していた弓道場の一角を間借りして保育ができるかもしれない！　そう職員と話し合い、職員がせっせと運んだ荷物と同じ重さの責任感と重圧感を感じながら、「明日から保育ができる！」と思った時、一般の方から感染症が発症し、そこでの再開も不可能に……。がっくりと肩を落としながら、持って行った荷物をまた持ち帰って来た職員の顔を見た時には、本当に申しわけない気持ちでいっぱいだった。

五月も半ばに入り、待っていてくれる子どもたちや保護者さんになんと説明しようと思っていたところ、震災直後から園にボランティアで入ってくれていた静岡ボランティア協会の方のご紹介ですぐにプレハブが手に入ることを知り、待っている子どもたちのためにと法人の理事も協議を重ね、建設に踏み出した。金銭的にも緊迫していたので、現状を聞いた日本ユニセフ協会の全面的な支援のおかげで、三ヵ月ぶりとなる六月一日に仮設のプレハブ園舎で保育再開を果たすことができた。

ゆっくり時間を取り戻していく子どもたち

再開前日に職員を集め、「明日、子どもたちには本当のことを伝えます。そしてみんなでいっしょに乗り越えよう！」と、天国に召された子どもたちのことを伝える決意をした。子どもたちは真剣に私の話を聞いていた。年長児七名はしっかりと理解し涙を流していた……。はじめは場所が変わったり、震災の影響で落ち着かない様子だったが、日々の職員とのかかわりの中で、時間をかけてゆっくり三ヵ月分の信頼関係を取り戻していった。

お外がこわいと言ってお散歩に出ることが困難になってしまったり、お絵描きの時間になると「描きたくない……」と言って拒否したりという子も見られるようになった。

その時職員と話したことは、「おとなでも精神的に回復するのは時間がかかるから、あせらずゆっくり向き合っていこう！」だった。時間を早めにお迎えに来てもらったり、お散歩の時は事務所で絵本を読んで待っていることも……。それでも「保育園楽しい！」と言って登園してくる子どもたちの笑顔に何度救われたことか……。

ボランティアさんのバスで公園へ連れて行ってもらうことができた。途中、被災した本園舎の前を通過した時のことである。

「あっ‼　俺の保育園だぁ‼」と一人が言うと、みんな一斉に窓の外を見入った。

「保育園あんじゃん‼」

「でも中がまだ汚れているから使えないんだよ」

「じゃあ僕が掃除してあげる‼」

「俺も‼」

「でもおトイレとか臭いよ……」

「大丈夫‼　鼻つまんでやれば臭くないよっ！」

「あの保育園に帰りたい？」

「はぁ～～～い！　帰りた～～い！」

全員が手を挙げていた。なんと、お散歩がこわくて行けなかった子も手を挙げてくれていた。バスの中での一コマだったが、今まで当たり前だった日常がこんなにも懐かしく、また、子どもの一言がこんなにも心に響き、「やっぱり保育士であるがゆえに感じることができるんだなぁ……」と、改めて保育士というこの仕事に感謝した。

しかし、公園で無邪気に遊んでいる子どもたちの姿に失ってしまった大切な子どもたちを重ね、保育中であるにもかかわらず涙が止まらなくなった。そんな私たちを見て、震災前ならすかさず「先生！ なんで泣いてるの？」とツッコミを入れてくる子どもたちが、触れてはいけないと言わんばかりに見ないふりをしてくれるのである。そんな子どもたちの心に気づかなかったのは私たちおとなであったのに……。

はじめてぶつけてきた本心

震災から半年くらい経った九月ごろ。子どもたちの心にも変化が見られた。

たぶん「見ないふり」が、たとえようもない、言葉にできない不安や不満となっていることに今さらながら気づくのである。年長児は亡くなってしまったお友だちがクラスに四人もいることをちゃんと理解しながら、じつはずっと言葉にも出さずに明るくふるまっていた。

十月中旬に親子遠足を計画した時、一人の子が「行かない」と言いだした。震災前から、途中にあるトンネルに入ると「耳が痛い」と訴える子だったのだが、他にも何かあるのではないかと感じた担任から相談を受け、子どもたちみんなで話し合おうということになった。

するとその話し合いの中ではじめて亡くなったお友だちの名前が出はじめ、全員で泣きながら「自分たちががんばればお空から応援してくれるんだよ」と言うのだ。私と担任は「今、この時この子たちと正面から向き合わなくては……」とじっくり話をすることにした。

「なんで津波が来たんだろう……」と一人の女の子が語りだした。

「そうだね……。なんで今だったんだろうね……」

すると……、

「園長先生がさっ！　Tちゃんたちにお家へ帰らないで！って言えばよかったじゃん‼」

心がキュンとなり次々に涙があふれてきた。はじめてぶつけてきた本心。

「きっと、大切なものを取りに行ったんだと思う。Hちゃんもお家に大切なものあった？」

「うん……。あったよ……」

「それは何？」

「あのね……。七五三の時にきれいな着物を着て撮った写真……。でも流されちゃった……」

「そっか……。三歳の時は一回だけだもんね……。でも七歳でも着れるよ。きっと、Tちゃんも大切なもの取りに行ったんだね……」

そう言うと、「Tちゃんに会いた～～い！！！」と言って、私に抱きつき大声でワンワン泣いた。

「先生も会いたい……」

願いが叶うものならば、あの三月十一日の十四時四十六分前に戻してほしい！　会いたい！　子どもたちに会いたい!!　大きな声で泣いた。六歳のこの子がこんなことを思っていたなんて……。気づかないふりをしていたのは私たちおとなのほうだった。泣くだけ泣いたら、今までお互いにかぶっていたベールがはがれていくような気持ちになった。

大槌町内で、あの大津波や火災にも負けずに奇跡的に残った地元の〝小鎚神社〟に七五三参りへ行った時のこと。神主さんから七五三についての由来や参拝のしかたを教わり、年長・年中・年少の順に並び、参拝した。

すると年長児は、ずっと手を合わせたまま長い時間何かを祈っていた。

「何をお願いしたの？」

「園長先生には教えなーい！　でも聞きたい？」

「うん。聞きたいな」

「あのね。天国に行ったお友だちが夢に出てこないから夢に出てきますようにってお願いした！」

とてもやさしい笑みを浮かべて私に教えてくれた。こうして日々の生活の中でさりげなく

小鎚神社への七五三参り
長い間手を合わせる子どもたち

子どもたちが感じていることも、普通の会話の中で言えるようになっていった。目には見えないものだが、そこにはまぎれもなく寄り添い、思い合っている姿を感じることができるようになった。

苦しんでいたのは子どもたちばかりではなかった。あそびの中でくり返される「津波ごっこ」も、乗り越えるためには大切なあそびであるということや、「子どもに向き合う」という一見簡単なことも、直に子どもとかかわる保育士たちにはつらいことだった。子どもたちが不安や悲しさをさまざまな形であらわしてくるたび、「私の保育がだめだからだ」と自分を責めて涙を流し、苦悩していた。「どうすればいいの?」と職員から相談されていた私は、そんな仲間を何とか救いたいといつも思っていた。

おとなが逃げれば子どももずっと逃げる。嘘をつけばそれをまた塗り替える嘘をつき続けなければならなくなる。保育士として、おとなとしてあるべき姿をしっかりと子どもたちに見せていくことが震災を乗り越える原動力になることを子どもたちから教えられているような気がする。

子どもたちも職員も慣れない環境でさまざまなことを経験した。今まで日常的にやってきたことの一瞬一瞬がとても大切な時間だと思った。

たくさんの出逢いを支えに

これからの道のりはまだまだ長く険しい……。

ここまでいろいろな思いをしたが、ここまで来れたのは本当にたくさんの方々の支えがあったからだ。数えきれないほど全国の方々から励ましのお手紙や支援物資をいただいたり、遠くから足を運びボランティアで園舎の泥だしや清掃作業をくり返し行っていただいた。

遠方に避難していた子どもたちも、仮設住宅が完成すると少しずつ保育園に戻ってきた。しかし、保育士不足で受け入れ体制を整えるのに困っていたところ、日本ユニセフ協会の仲介で東京都社会福祉協議会保育部会保育士会より保育士の派遣ボランティアさんにも来ていただいた。

何人か訪問してくださった臨床心理士の先生の中にたった一人だけ、一ヵ月に一度、必ず訪ねてくださる先生がいた。ゆっくりと低音で話す口調になぜか癒され、知らず知らずのうちに自分の心のうちを話せるようになっていた。大槌町役場の相談員の先生ともつながってくれたこともあり、子どもの変化や職員の対応にもていねいに指導していただき、今でも大きな存在である。

失ったものは大きいが、たくさんの方々と出逢い、あふれるほどのやさしさをいただき、こうして今ここにいられるのも、そんなみなさんのおかげだと感謝している。

あらゆる想定を組み込んだ備えを

「子どもの命を全力で守る」ということは、保育士であれば当たり前のことだが、こんなにも重くのしかかった思いになったことはない。マニュアルも、話し合いもすべて自然災害の脅威の前には成すすべもなかった。いわゆる「想定外」と言われていることだ。

「天災は忘れたころにやってくる」

「備えあれば憂いなし」

「津波てんでんこ」

パソコンや携帯電話、ビデオなどのない時代に、先人たちがなんとか後世に残そうと思った「想い」は、東日本大震災を経験した私たちにとって再度心を揺さぶられる言葉となった。しかし、百年に一度、千年に一度と語り継いでいく中で、人はその想いを忘れ、風化し、長い年月の間にはまたそこに家を建てたり、何もなかったかのように変わっていく。

三・一一の二日前……。三月九日にも宮城県沖を震源とする大きな地震があり、津波注意報が発令された。実際に数十センチの津波が来たが、注意報は二時間ほどで解除され、園でも避難体制を取りつつも、注意報という言葉に安心していた。

「どうせここまで来ない」

「また注意報で終わる」

しかし、自然の脅威はそんな生易しいものではなかった。昭和八年の三陸大津波クラスの津波予想高は十メートル。しかし、今回の大震災ではそれをはるかに上回る二十二メートルの津波が襲来した。三階建ての建物に避難した人も、ここなら高いから大丈夫だと線路の高架橋に上がった人もすべて津波がさらっていった。とかく大きな自然災害は「想定外」と表現されるが、予想すらできないのが自然の脅威だと思うべきではないのか……。

私は「山に登る！」と決めたが、のちに「そこまで津波は来たのですか？」と聞かれた時、「来ませんでした……」と少し恥ずかしい気持ちになったことがある。しかし、阪神淡路大震災を経験されたある先生に、「人の命を守る、自分の命を守る時は臆病者であれ！」という講演を聞き、それでよかったのだと思った。

ことさら乳幼児を預かる保育園では、おとなが的確に誘導しなければ救うことはできない。「これでよい」ということはなく、自分の園がどのような立地で子どもの足では何分で避難できるのか。あらゆる想定を組み込んだ避難訓練を積み重ね、一人ひとりの意識を高めていく必要があると思う。

実際にお知らせタイプの避難訓練ばかりをやっていた私たちも、いつしか会議の中で「午睡時は避けて」「給食の時間はちょっとむずかしい」という声があがるようになっていた。自分も保育者あがりなので、そうした声のうしろにある現場の事情もよくわかる。でも、だれのための何を守る訓練なのかと疑問を持つようになった。冒頭に書いた「シークレット」の訓練は、そんな思いから、三・一一の直前の一月から取り組みはじめたばかりだった。

人任せにせず、自分のクラスは自分で守るという意識が芽生え、個々に反省を持ち、その反省を次の訓練に必ず生かす。訓練に向かう職員一人ひとりの気持ちが変わってきた矢先の地震だった。それでも、「ここまでは来ない」と思っていたコンビニからより高台への訓練をもっと早くやっていたら……と悔やんでいる。

何が一番大切なのか

一人ひとりが今、「生かされた命」をどのように守るべきなのか。大切な子どもたちや友人を亡くして改めて考えさせられることだ。

「すべてを失うことのこわさ」と「すべてを失って気づく大切なこと」。この震災を経験して思うことだ。

「また明日ね」「行ってらっしゃい」など、普段使っている何気ない言葉がもう使えなくなるその重みを最近よく噛みしめるようになった。一瞬で奪われた命と生かされた命は紙一重。生かされた命だからこそ、生きたくても生きることができなかった人たちの無念さを後世に伝え続けなければならない。そして、すべて失った今だからこそ何が一番大切なのかを子どもたちには伝え続けたい。

私自身も「生きる」ということを見つめることにもつながったし、たくさんの方々に出逢うことでまた「自分」というものに向き合うことができるようになった。

今の私たちに課せられたことは、復興への道のりがどんなに苦しくつらいものであろうとも、「生きていく力」「自立していく力」の基礎をしっかりと保育の中で伝えていくこと。そして、支えてくれる、祈り続けてくれる方がたくさんいることを伝え、感謝する気持ちをいつも持ちながら乗り越える力をつけてあげたい。もちろん自分たちも……。

子どもたちがいつでも戻ってこられるように

十二月下旬に大槌町の復興計画が正式に決定した。戻ってはいけないと言われていた本園舎の場所は、生活圏内として防災の課題にも早期に取り組み、戻ってよいという結論になった。今後、さまざまな課題をクリアし、早く子どもたちの笑い声が響く本園舎に戻りたい。「それでいいんだ」「これでよかったんだ」とは決して思わないが、いや一生思えないだろうが、子どもたちの笑い声に包まれた本園舎に戻るという夢や希望はいつも持ち続けている。


二〇一二年三月十一日……。

あれから一年を迎えようとしている。街は依然として家の基礎だけが残る広大な原野だ。それでもいつかは街の人たちが笑って暮らせる街に戻ると信じている。

「最後まで孫と娘に愛をいっぱいくださってありがとうございました」

亡くなった園児のおばあちゃんが私にかけてくださった言葉である。

そして、私にはもう一人、忘れられない大切な人がいる。

三・一一のあの日。保育園に子どもを預けて働いていた一人の職員から「息子のお迎えに行ってもいいですか?」と言われた。

「何言ってるの!! 目の前にいるこの子たちが最優先!」

その職員のお子さんが通っている保育園は海沿いにあり、すぐに近くの高台に避難することになっているのを知っていたので、そう言って帰さなかった。一年経とうとしている今でも、その職員のお子さんは行方不明のまま……。

私の判断はまちがっていなかったと思っている。そして、このことは、一生背負って生きていくつもりだ。でも、苦しいことは一人で抱え込まず、なんでも話し合ってみんなで考えていこう、そうやって支え合ってきた職員たちにさえ、このことだけは話せずにいた。十ヵ月経って、ようやくみんなに話すことができた同じころ、そのN先生と再会することになった。

「N先生がなんとか職場に復帰できるように園長先生から話してほしい」

そう哀願する保護者の方が、N先生に再び会うきっかけをつくってくれたのだ。

笑顔で事務室に入ってきた彼女を見た時、「この人はすごい！」と思った。私が同じ立場に置かれたら、こんなに強くはなれないと思ったからだ。話しているうちに、この人を支えてあげられるのは、私とうちの職員しかいないと心から強く思った。

彼女は、「気持ちの整理がついたら、大槌保育園に戻ります」とまた笑顔で言った。

私たち保育士という仕事は、今すぐに答えが出る仕事ではない。毎日の積み重ねの中から幼心に宿る種はいつか大きな花へと開花するに違いない。その大輪の花を見るまで、この世から旅立ってしまった六名と、未だ見つからない三名の大切な子どもたちの分まで、目の前にいる子どもたちにたくさん愛情を注ぎ、成長を見守り、力強くたくましく、おとなになって「この大槌に生まれ育ってよかった」と、自信を持って言える子どもに育てていきたい。職員や保護者と共に支え合い、助け合いながら復興に向かって一歩一歩前進することが何よりの供養だと心に誓いながら……。

追記

二〇一二年三月二十八日。震災後二度目の「卒園式」を迎えた。

子どもたちの作品や写真、全国から寄せられた励ましのメッセージなどで、心をこめて飾りつけられた仮園舎一階の保育室で式を行った。昨年は津波をかぶった泥々の本園舎を職員やボランティアさんが一ヵ月かけて綺麗にし、なんとかホールで卒園式をしてあげられたことを想い出した。今その本園舎は、大改修に備え、室内は基礎を残して、床・壁などがはがされた状態だ。

「保育証書」と読み上げるたびに、この一年が走馬灯のようによみがえりだれよりも先に涙してしまった。子どもの名前を呼び「はい！」と大きく返事が返ってくるということは、今まで当たり前だと思っていた。しかし、〇歳児から手をかけ、保護者と同様、親のような気持ちで成長過程を見てきた私たちにとって、「はい！」と返事が返ってくる喜びは何にも代えられない幸せなのだと噛みしめた。

式の中で卒園児七名は、「お散歩に行くのがこわかったけど、行けるようになったことがうれしかった。お散歩は楽しいよ」「天国のお友だちがいつも見ていてくれたし、先生がそばにいてくれたからなんでもがんばれたよ」と、台本のない自分なりの想いを話してくれた。そして、「大きくなったら保育園の先生になりたいです！」と将来の夢を聞いた時、今まで苦悩してきた職員に対しての最高のプレゼントだと思った。

やはり私たちはこの子たちからたくさんの力をもらっていたのだと、あの時この仕事を辞めていなくてよかったと心から思った。

こうして天国へ召された四人の友だちといっしょに七名は大きく羽ばたいて行った。

「遠い地」での論議は、今自力で再建をどうするかと四苦八苦している被災地とかなりの温度差を感じてならない。増税イコール被災地支援と論じることで、「ならばしかたがない」というような国民感情を引き出しているが、その前にやらなければならないことはなにか、そして「なぜこんなことにお金をいっぱいつぎ込むのか？」ということを整理するべきではないだろうか。

国会議員の方々はとくに「被災地を忘れてはならない」とよくテレビで言っておられるが、

ならば全員被災地に来られてはいかがなものか？　保護者が、子どもたちが、職員がどう踏ん張っているのかご覧になっていただきたい。岩手県や宮城県だけではない。福島県の原発被災地の方々の中には一生自分の家に帰ることができない人がいるという事実、今私たちがいっしょにいる子どもたちに将来にわたって大きな代償を課すことになるということを忘れているのではないか。

今まさしく国会で議論されている「子ども・子育て新システム」。「待機児童解消」「総合こども園」「直接契約」「市場原理」……。保育園や幼稚園が被災し、今までの生活が一変してしまった状態であるにもかかわらず、「遠い地」では子どもたちの「想い」を無視した「言葉」が横行しているような気がする。

「この機会にこども園にするというお考えは？」と、ついでのように聞かれたことさえある。また、先日行政説明を聞く機会がありこのシステムに対する考え方を伺った。

「保育園でだって教育を受けさせたいと言う保護者がたくさんおられます」。

保育園という現場は「子守り」としかとらえられていないのか……。保護者の就労形態によって長時間保育になったり短時間保育になったり？　子どもたちの「一日の生活のリズム」をどう理解しているのだ？　自分の人生において、この幼児期はどのようにおとなや友だちとかかわるか、どんな「あそび」に出会い五感を働かせることができるのか。いっぱい遊び、いっぱい食べ、いっぱい眠る。「人」を大切に思ったり、時には喧嘩をしたり、うまく行かないこともたくさんあることを知ったり、逆に大きな発見をして目をまん丸くして大喜びしたり、保育園という場は○歳から六歳までトータルで成長過程を見てあげることができる「教育の場」だと私は思う。

○歳児から保護者と共に育ててきた子どもたちが、年長になり「大きくなったら保育園の先生になりたいです！」と胸を張って夢を語る。これが答えなのではないだろうか。

＊本稿は、「3・11の記憶　子どもたちと過ごした日々」『現代と保育82号』（ひとなる書房、二〇一二年三月）を加筆・修正したものです。

バトンをつなぐ

中西純子　東社協保育士会ＯＢ

はじめて大槌町に降り立ったのは二〇一一年八月。釜石から乗ったタクシーの運転手さんが「ここで町長が見つかったんです」「ここはたくさんの遺体が流れ着いたところ」など、震災直後の様子がどれほどひどかったかを説明してくださった。

大槌町とその隣の山田町では、すべてを流された保育園が数ヵ所ある。流されなくても、浸水したり、避難所になったりと、どこも厳しい状況があった。三日三晩燃え続けた町。千度を超える炎にすべてを焼き尽くされた町。まだ多くの行方不明者を抱えている。大槌町江岸寺の住職さんは、「高温で骨まで溶けてしまったのかもしれません。多くの方々が見つからないのは、そのせいかもしれません」とお寺の溶けた晩鐘を指さし、声をつまらせていた。

被害が大きかった地域ほど、復旧は立ち後れている。被災した保育園では、保育士、栄養士（調理師）が足りない、ハローワークに出しても人が集まらないという。現地を目の当りにして、職員が職場に戻れない状況が手にとるようにわかった。

先に沿岸部各所で子どもにかかわる支援活動を展開していた日本ユニセフ協会からの委託を受け、東京都社会福祉協議会保育部会保育士会は、この大槌町と山田町の保育園へ、保育士ボランティアを派遣することになった。どの保育園も、保育体制に余裕のない中で被災地へ職員を送り出すには慎重な検討が必要だった。しかし、住む家をなくし、家族を亡くし、園児を亡くした悲しみを抱えている人たちのことを思うと居ても立ってもいられないという気持ちで、互いに声をかけあい、次第に全都の保育園を巻き込む取り組みとなっていった。二人一組で現地へ向かい、三〜五日ほど保育に入る、を基本パターンに、二〇一一年七月から二〇一二年三月まで、のべ百三名の保育士がボランティアのバトンをつないだ。

私も保育士会ＯＢとして、お盆や年末、行事が重なる時期など、現役職員が職場を抜けにくい時期などを中心に、大槌保育園をはじめ、計六回、現地へ入らせてもらった。大槌町、山田町への感謝の気持ちをこめて、私自身が感じたことを書いてみたいと思う。

いくらボランティアが入っているとはいえ、ぎりぎりの保育体制。若い二十代の保育士が眠くて泣く〇歳児を長時間、背中におんぶし前には抱っこしている姿に「たくましいなあ」と思わず声が出る。「いつものことです」と平然としていた。たくましいのは先生方だけではない。食事も一対一でゆったりとはなかなかいかない。それでもテーブルつきの椅子に座る〇歳児は、運ばれてきた食事に、はじめはスプーンで、そのうち手づかみで自分の口へ運び、夢中で食べている。子どもたちにはお腹が空けば自ら食べていく力があるのだということを、久しぶりに見せてもらったような気がした。

プレハブの園舎では乳児が二階、幼児は一階で生活する。朝夕は一階で、〇歳から年長まで全員で保護者のお迎えを待つ。その合同保育の時間帯では、大きな子どもたちが時々〇歳のかわいい子どもたちを抱っこしようとやってくる。すると〇歳児のほうも、〝ちょっとだけなら遊んであげてもいいけど、自分のやりたいこともあるからね〟とばかりに、少し相手をしては、その後、はいはいでどこかへ行ってしまう、という光景はいつものことだった。

二階で生活している二歳児は、トイレットトレーニングで一階まで急な外階段を下りていく。あとから雨雪をしのぐ屋根がとりつけられたとはいえ、外同然である。二歳の男の子がドアをあけると、風がかなり吹いていた。「さむいよー」と部屋へ戻ろうとする子に無言で対応する先生方からは、〝私たちはこの条件で、この中で生きていくのよ。だから、がんばって〟という強い覚悟が伝わってきた。

先生方は、苦しくても苦しいなんて言えない。「みんな同じだから。私たちは働く場所があるだけいいのよ」と話していた。

比較的大きなスーパーが再開されたのは十二月に入ってからで、夏に入っても物不足は続いていた。職員が確保できないということもあったが、お茶・スープ類は提供するもののなかなか給食は再開できず、車で十分ほどの小さなお店から配達される発砲スチロール容器に入ったお弁当を食べさせていた。〇歳の子どもにも同じ内容で、小さく刻まれたものが配膳されていた。

先生方の昼食はといえば、家から持参した菓子パンやおにぎり一個程度。私たちボランティアも同じようにおにぎりを持参しいっしょに食べた。

少し姿が見えないと探し、来たばかりなのに「せんせい、いつかえるの」「また、くる?」と聞いてくる女の子がいた。ボランティアが入ってくるたびに、同じように声をかけているようだった。

ある日、他の子とトラブルになり、部屋の隅へ隠れたきり出てこなくなった。そこへ保育士が説得に入り、三十分ほど経ってようやく出てきたということがあった。落ち着いてしっかりしているように見えるけれど、同じクラスの亡くなった子のことをことあるごとに思い出していたようだと、あとで先生が教えてくださった。繊細な子どもの心の回復を支える道のりは長そうだ。

山田町の園長先生が、「(火事の) 炭の入った水を沸かしてミルクをつくって子どもにのませたのよ」と震災直後のお話を聞かせてくださったのは、年末にボランティアに入った時だった。想像を絶する体験もさることながら、ようやくあの日をふり返り、涙を流し、だれかに語ることができたのかと、子どもを守るためのこれまでの日々がいかに必死だったかが伝わってきた。その園長先生もこの三月で退職された。ご家族の職場が津波で流され、引っ越すことになったのだ。「山田町が大好きなの。引っ越し先から通うことも考えたけど、やっぱり一年間悩んで出した結論だったのよ」と。まだ若い三十代の主任保育士Mさんが園長を引き継いでいる。東京から来た保育士に、乳児のおもちゃや環境構成について学びたいと語っていたMさんのやさしい笑顔が目に浮かぶ。

被災地の状況は刻々と変わっている。ボランティアもだんだん少なくなっているが、被災地の保育園では、震災直後とは違った支援を必要としている。保育士会は四月の定期総会で、プロジェクトチームを組み、今後、どのような支援が必要とされているのか現地と相談しながら、引き続き支援体制をとることを決めた。

「支援」のつもりで出かけていった私たちだが、現地の先生方にとって、ただでさえ混乱と疲労が重なっている中で、これほど多くの初対面の保育士たちを入れ替わり立ち替わり受け入れるというのは、相当負担だったに違いない。しかし、そんな大変さを少しも表に出さず、快く迎えてくださった先生方の懐の深さとあたたかさに、どのボランティアも心を打たれて帰ってきた。そして何より、保育に参加させてもらうことで、子どもたちからたくさんの元気をもらい、東京での自分たちの保育を見つめ直す貴重な学びの機会ともなった。

とくに、真摯に受け止めなければならないのは、子どもたちの命を守るために私たちはどうするのか、という問いである。

被災地の多くの幼稚園、保育園、小・中学校などでは、避難のあり方が議論の的となっている。ボランティアに入ったことでさまざまなお話をうかがい、多くのことを考えさせられた。

職員も、わが家が津波で流されるとわかった時、「一目見ておきたい」「大事なものを持ち出したい」「わが子を助けたい、祖父母も助けたい」と短時間でさまざまな思いが交錯し、葛藤した。そして多くの保育園の施設長が、「目の前にいる子どもたちを守る」「職員の命も守る」ために判断を下した。

このことは、決して他人事ではない。同じような大震災が身近で起こるかもしれない。その時、私たちは子どもたちの命をどう守れるだろうか。

東京で起きたらどうだろうか。すぐにお迎えに来ていただくということが現実的ではないことは、三・一一で私たちもすでに経験済みだ。では、今の保育体制で、園児全員を迅速に避難させるにはどうしたよいだろうか。

今回の震災で、津波から逃げる時、近くにいた方々に助けられたという経験をたくさん聞いた。また「多くの保護者が迎えに来たおかげで、この人数で逃げることができた」ということも聞いた。ならばお迎えに来ても家には帰さず、保護者に協力をお願いしていっしょに避難していただく。そして、いざという時に協力していただけるように、ふだんから地域と交流を持ち、保育園の子どもたちの様子をつかんでもらうことが必要ではないか。一方で、地域に助けていただくだけではなく、保育園が地域の避難所になることも想定しなければならないだろう。

都会だからこそ、どこにどのような人たちが生活しているのか、本物の地域のコミュニケーション力が求められている。未来を担う私たちの子どもたちは、〝地域の中で育てられ、みんなで見守っていく〟ことが保育の基本だと改めて考える。

学び合い、考え合い、支え合う

鈴木直子
福島・さくら保育園保育士

私は、福島市にありますさくら保育園で一歳児クラスの担当（二〇一一年度）をしている保育士です。私生活のほうで言いますと、娘が二人おりまして、五年生と二年生の母親です。東日本大震災・原発事故から十一ヵ月、母親でありまた保育士である私が、子どもたちをどんな思いで育てていきたいか、守りたいと思ってきたか、そのためにどのように過ごしてきたかについてお伝えしたいと思います。

私が勤めているさくら保育園は、三十余年の歴史があり、旧園舎の老朽化のため、新園舎を二〇一〇年に建設し、二〇一〇年十月末に新園舎に引っ越しをしました。そこで震災を迎えました。この新園舎が子どもたちを守ってくれました。二〇一二年二月十一日現在、〇歳児から五歳児まで九十四名で、この園舎で生活しています。

おんぶしたままおやつを食べて

あの日、三月十一日十四時四十六分には、私たちは職員会議をしていました。話をしていると突然「ゴオー」という地鳴りが聞こえ、その音で、みんな一瞬「えっ？」と話をやめ、動きが止まりました。そしてそのあとに揺れだしました。子どもたちのところに戻らなければと、私たちはそれぞれ各部屋へ戻りました。私も、現在担当している一歳の子たちは持ち上がりで、当時は〇歳児クラスを担当していましたので、その部屋に戻りました。〇歳の子どもたちはほとんどまだ午睡中でしたので、寝ている子どもたちを起こし、歩けない子たちをおんぶし、歩ける子たちを部屋の中央に集めて、揺れが収まるまで待とうとしました。ところが揺れの長さもものすごく長くて、揺れ方もものすごく大きく揺れていました。私は、一九七八年の宮城沖の地震も経験しているのですが、その時よりも激しく、今までに経験したことのない大きな揺れでした。

この子どもたちをどう守ろうかと思っていたときに、一瞬、揺れが止まったのです。そのときに、各部屋にそれぞれでいるよりもホールにみんなでいたほうがいいのではないかという園長の判断でホールに集まり、そこで過ごすことになりました。歩ける子たちを連れ、おんぶをしたまま子どもたちとホールに集まりました。おやつの時間を過ぎていたのでいつでも避難ができるように、おんぶの子たちはそのままでおやつを食べさせ、その後、歌を歌ったり、手あそびをしたりしながら過ごしていました。

私たちは収まらない余震に本当に緊張していましたし、私たち自身が恐怖を感じていたのですが、子どもたちの前ではなぜかそういう顔はしていませんでした。私たちって、不思議ですね。「大丈夫、大丈夫よ」と子どもたちに笑顔で話しかけていました。子どもたちは、そういう笑顔を見ていたからなのか何なのか、不思議に泣き叫ぶこともなく、本当にパニックになることなく、普通にみんなで過ごしていました（今思うと、子どもたちも私たちの緊張を感じていたのかもしれません）。

次第にお迎えが来て、お母さんたちに無事に返すことができ、本当に安心しました。主要道路が崩れたりしましたので、なかなかお迎えに来られないという保護者も多かったのですが、〇歳児クラスの子は十八時すぎにはみんなお迎えが来たので、私はそこで退勤しました。園長と遅番の先生が残ってくれて、最後の子どものお迎えが来たのは二十一時すぎだったということでした。

原発が爆発した

その日以降、保育園は保育を必要とする子どもがいる限り一日も休まず続けましょうということで、交替で自宅待機という体制をとりながら保育をすることになりました。そこへあの原発事故です。十二日に一号機で水素爆発が起こりました。その時には、「なんかテレビで爆発しているのが見えたよね」と二十キロ圏内の人たちは放射能でなんだか大変なことになっているなぁ……と、私たちにはまだまだ本当に遠い話のように感じていました。しかし、今、私たちが経験しているこの大変な状況は、ここからはじまっていたのです。

その後、十四日は三号機、十五日に二号機が爆発しました。十五日に爆発したときにいっしょに出たものがちょうど風に乗って飯舘、川俣、そして私たちの園がある渡利へと流れ、雨や雪とともに地表に降り注ぎました。その結果、渡利はホットスポットとなり全国的に有名になってしまったぐらい線量の高い所になりました。

テレビでは、「外出時にはマスクをして、帽子をかぶり、肌を出さないようにしてください」「外出から帰宅したら、着ていたものは玄関で脱ぎ、ビニール袋に入れて、すぐ洗濯してください」とか、「シャワーを浴び、シャンプーをして洗い流してください」などと言われていたのですが、その時は震災によって断水していましたから、何時間も並んでやっと得た大事な水を、そんな洗濯とか入浴などに使うようなことはとてもできず、何を言っているの……という感じでした。

当時は、まだまだ放射能のこわさを知らなかったということがありますが、ガソリンの供給もほとんどなかったため、私一人ではどうにもならず、自宅待機の時には毎日、子どもたちといっしょに歩いて一時間も二時間も並んで水をもらったり、食料品を買い出しに行ったりしていました。大きなリュックに買った物や重たい水を詰めこんで歩いて帰る、というような日々でした。今思うと、そのころすでに放射能いっぱいの中にいたということになるんですよね。あの時にもっとちゃんと知っていたら、子どもたちを外へ出しただろうか——今でも悔やまれます。

ニュースではずっと、「ただちに人体に影響はありません」という言葉が流れていましたよね。テレビで言っていることが私たちにも関係あることなのだとわかってからは、「ただちに」ということは、じゃあ〝これから先〟あるのかしら……、あるのだったら「人体に影響がある」ということはどういうこと？　どんな影響があるの？……と、私を含め、子どもをもつ親たちの不安は本当に大きくなっていきました。

放射能の値が私たちのところに知らされ、わかってきたのが、三月の二十日以降です。そのころでまだ二十四マイクロシーベルト毎時と、放射能の値としては高い時でしたから、保育園の保護者の中には、「ごめんね、ごめんね」と言いながら、嫌がるわが子にビニール袋をかぶせて送り迎えをする方がいたり、それまでは〇歳児など、歩く姿を愛おしく見ながら駐車場から園庭に向かってくるような、とてもほほえましい情景があったのですが、なるべくそういう所に触れさせたくないと、わが子をガッと抱えてバッと走って玄関に駆け込んで来たり、という姿も見られました。

なんだか今までの生活が一変してしまいました。親たちはどんなふうに放射能に対応していけばよいのかまったくわからないまま、自分が子どもを守らなければと、みんな不安でいっぱいの中でやっていたのが三月、四月の時だったと思います。

子どもたちを守るために

さくら保育園のある渡利地域では、いち早く国のモニタリングがはじまりました。国が定めた三・八マイクロシーベルト毎時という値を超える地域だったということで、さくら保育園も、モニタリング対象の県内五十五の施設の中に入りました。しかし、モニタリングに来た人たちは、測ってはくれるのですが、園庭の真ん中と端と端、それから部屋の真ん中、というふうに、決められたところのみを測って、「今はこの値ですね」と報告するだけでした。

たとえば側溝が高いとか、学習する中で私たちもだんだんとわかってきていたので、「この側溝を測ってほしいんですけど」と言うのですが、「いや、そこは言われていませんから」と、こちらが測ってほしいところは測ってもらえませんでした。〝三・八マイクロシーベルト毎時という値とはなんだろうか〟とか、〝乳幼児も本当におとなと同じ値で大丈夫なのだろうか〟とか、私たちからは疑問がどんどん出てきたのですが、それには国は答えてくれず、ただ「ただちに人体に影響はありません」ということをくり返すだけでした。

本当に今のままで子どもたちを守れるのだろうかという思いが沸き上がり、放射能のことを正しく知り、子どもたちにどんなふうにしていけばいいのか知らなければいけないねと、職員間で話し合いました。

地域で行われた、広島で長年原爆症にかかわっていらした齋藤紀先生の学習会へ参加したり、園長がいろいろな先生にあたって学習会を開いたりと、本当に必死で学習をしました。放射線防護学を研究されている安斎育郎先生にも連絡を取り、多忙な時間を割いていただいて、講演会を持ちみんなで話を聞きました（この講演がきっかけで安斎先生にはさくら保育園のアドバイザーになっていただき、折にふれ相談にのっていただけるようになりました）。また、福島県の中で原発のことに関してもっともくわしいと言われる伊東達也氏から原発についての勉強をしたり、わたり病院の医師の渡部朋幸先生から放射能のことに関してくわしく話を聞いたりと、本当に忙しい先生方なのですが、どの先生方も話をすることを快く引き受けてくださり、四月から七月にかけて、私たちは放射能のことに関してどんなことでも勉強していこうと、勉強会をしてきました。これらの勉強会は、認識を同じにしていくことで、子どもたちをどんなふうに育てていきたいかということもいっしょに話せる土台になると考えて、私たち保育士だけでなく保護者といっしょに計画し、勉強をしてきました。

勉強するうちに、セシウム１３４と１３７が多く沈着していること、私たちが心配していた通り、乳幼児のほうがおとなよりも放射線の影響を受けやすく、それをきちんと考慮していかなければいけないのだということもわかってきました。だからこそ「子どものために健康状態を測るチェック体制を整えていかなくちゃいけない」ということ、そして「放射能をきちんと知って、きちんと恐れる。理性的に恐れることが大事なんです」ということを聞いて、ただただ「放射能はこわい」「ここにいてよいのだろうか」「子どもたちがどんどん病気になっていくんじゃないだろうか」という不安でいっぱいだった気持ちから、少しずつ、「理性的に恐れる」ということを考えるというように変わっていきました。

線量計を借りて線量を測り、見えない放射能を可視化して、高ければ距離を置くとか遮蔽するとか、できることをやってみる。そして、どこがどのくらいの数値なのかという計測結果をもとに園の汚染マップを作って、玄関先の保護者の方の目に触れる場所に放射能掲示板を作り、公表するようにもしました。

掲示板で、ここがこのくらいの放射線量の高さですよ、ということを掲示したり、大事なことをお話ししたりすることで、私たちと保護者と認識が同じになり、「じゃあ高いところをどうしていこうか」ということをいっしょに考え、いっしょに取り組みをしていくようになってきました。たとえば、水は放射線を遮蔽するので、部屋から園庭に出る犬走りのところにペットボトルの中に水を入れたものを敷き詰めるペットボトル作戦もその一つです。これをすることで少しだけなのですが、放射線量の値が下がるのです。それから、本当は部屋から園庭にパッと出られるようになっていまして、とってもいい設計だなと思いながら作ってきた園舎なのですが、部屋の中でも、園庭から放射線が届く部分で線量が高くなっているということがわかったので、この園庭に面した部分をロッカーでふさいで、少し奥の方で遊べるような場所を作ったり、というようなことを、線量を公表しながらやってきました。

静まりかえる懇談会

さくら保育園は毎月懇談会があるのですが、例年であれば四月の懇談会というのは、これからの一年、一歳児クラスであれば、一歳児の子どもたちの育ちをどんなものにしていきたいか、というようなことを、楽しみにしながら、親さんと話をしてはじまるはずが、昨年四月の懇談会で出てくる言葉は、放射能のことだけでした。それで、園として、条件が整えば外で遊ばせていきたいという話を、質問などにも答えながらしてはみたのですが、何を言っても、「外に出るのなんて……」と、静まりかえってしまい、本当になんとも重たい空気でした。

はじまりなのに、どうしてこんな重たい懇談会をしなくちゃいけないのだろうなと思いながら、一方で私たちも、その四月の段階では、「子どもたちにどんな経験をさせて、どんなあそびを保障して育てていけばよいのだろうか」ということについて、どうしたらいいかわからずに本当に悩んでいました。

一歳児は歩きたい

子どもたちは、あの日（二〇一一年三月十一日）からずっと外に出ず、部屋の中で遊んでいました。さくら保育園では、もともとわらべ歌を取り入れて遊んでいましたので、外に出られない中でも、子どもをなんとか生きいきと遊ばせたいと、わらべ歌をしたりと、室内での楽しいあそびを工夫しました。

また一歳児の子たちは、やはり歩行を獲得していく時期でもあるので、保育者としても歩かせたい。そして子どもたちは歩きたい。そこで、広いホールを歩いたりして自由に遊べる時間をより長く一歳児クラスに保障できるようにと、職員間で話し合いながら生活をしてきました。

それでもやはり外あそびで得られる子どもたちの育ちを思うと、外へ出させたい。外あそびさせられないこの状況はなんとかならないかと模索を続けました。

はじめは、今までと同じ経験をさせてやれないことを子どもたちに本当に申しわけないと思っていたのですが、申しわけないではなく、どんなふうに子どもたちといっしょにやっていけたらいいのだろうかを考えるようになり、自分たちでやれる除染はいろいろとやってきました。

四月から学習会を重ね、六月には園庭の除染をしました。すると、そのころ地域は一マイクロシーベルト毎時ほどの値がまだあったのですが、園舎の中でしたら、〇・一から〇・〇九と、以前と変わらないような値になっていきました。そのことをそのつど公表し、親さんたちにも知ってもらいながら保育を続けてきました。

窓を開ける

四月。それまではまだ窓も開けていられなかったのですが、窓を開けても線量が変わらないということを、〝窓を開けないでこうです。一時間開けてこの値です。二時間開けてこの値です。三時間開けてこの値です〟と、実際に丁寧に測って親さんに知らせていきました。こうした実験データを示しつつ、「窓を開けても一切変わっていません、窓を開けてもいいですか？」と確認をする。そうやって一つひとつ確認をしながらはじまった四月でした。

窓が開閉できるようになり、はじめて窓を開けて風を受けた時、子どもたちが「気持ちいいー！」と、窓に向かって言っていたのです。本当にその言葉を聞いて涙が出そうでした。

そんな当たり前の、風を受けることさえも、放射能って奪ってしまうのだなということを、改めて実感させられました。そんな本当にささやかで当たり前の〝風を受けること〟さえさせてあげられなかった時期がありました。

保育園の保護者にはいろんな職種の親さんがいてそれぞれの所でプロとして働いている方が集まっています。お掃除を専門にしているお父さんは、子どもたちに水あそびをさせたい……と中庭やプールをきれいにクリーニングしてくれました。そのプールで本当に水あそびできるだろうかと、線量を測っていきました。プールの柵に積算計を下げて、一晩中置いておいて、どのぐらいの積算量があるかを測りました。すると、値はほとんど変わらず、変わっても〇・一マイクロシーベルト増であるいうことを確認しました。

そしてその結果を保護者に知らせて、「水の中だったら遮蔽する力もあるので、水あそびできると思うのですがどうですか?」と投げかけてみます。すると、「水あそびはいいけれど、その際に中庭の床に足を直接接触させるのは気になるので、ゴザを敷いてほしい」という要望があがりました。そこで、ゴザを敷き、さらにその上に水をかけて遮蔽をかけると、少しですが値が下がっていきました。それから排水溝も値が高いので、水を入れたペットボトルを三段積みにして線量を下げていこう……そうやって一つひとつ障害をとりのぞいていき、親さんに確認をとりながら、水あそびを実現することができました。

しかし、外部被曝を考え、水あそびの時間は二十分間と制限をつけました。子どもたちは二十分ではあがりたくないのですが、ごめんねと思いながらも、「終わりよー、ごはんよ。あがろうね」と明るく言って、水からあげるしかありません。たった二十分ですが、こうして水あそびをすることで、子どもたちはとってもよい顔をして遊びます。こうして遊んだ様子を、親さんたちにも「こうやって遊んだよ」と知らせ、水あそびをさせられるようになってよかったねと喜びながら生活をしてきました。

キンモクセイの香り

水あそびが実現すると、私たち職員のなかでまた話し合いが持たれました。私たちはやっぱり外あそびをさせたいよね、ということで、七月の懇談会から「プールのあと、終わったら外で遊びたいのだけれどどうかしら?」ということを話しました。やはりだれも何も言わない。沈黙なのです。あるお母さんが、「砂に触るのはちょっと困るのです。直に歩くのはどうかと思うのです」というようなことを言われ、七月の懇談会ではまったく同意が得られませんでした。

九月には一組さん（年長さん）が園庭に行きはじめていて、九月後半からは〇歳児も外に出ていたので、「〇歳児も外へ出ています。一歳児も外へ出たいのだけれど、どうかな」と話をしてみました。それで、親さんから「〇歳の子たちは、どのようにして園庭に出ているのですか?」と質問が出て、「まだ歩けない子がいるので、乳母車で行っていますよ」と言ったところ、「ああ、乳母車!」と言うのですね。やはり、地面に近ければ線量が高くなるというのはみなさん知っていますから、直には触れさせたくないというその気持ちはわかります。でも一メートル離れたらどのぐらいの線量になるかというのは、掲示板を通じてわかってくれていたので、「あっ、じゃあ乳母車だったらいいですよ」と合意を得ることができました。

はじめて乳母車で外に出た日、子どもたちは本当に、にこやかに、「行ってきまーす!」と言って、外へ出ました。この子たちは、十月までずっと外に出ていなかったので、外に出られるだけでもうれしくて、風に当たって「はあー」と息を吸ったり、ちょうどこのころ香っていたキンモクセイの香りに「いいにおい!」と話したり、窓の景色だけでは感じられないことを感じていました。室内の窓からでは同じ景色しか見られないのですが、園庭に出るとおじさんが隣で田んぼの稲刈りをしていたりとか、りんごがなっているのを見たりとか、ちょうちょが飛んでいるのを見ることができ、それだけでもうれしくて、乳母車の中でぴょ

はじめて乳母車で外に出る
「行ってきまーす！」

んぴょん跳ねて、本当に、体全体で喜びをあらわしていました。

こうして園庭には出られたのですが、運動会となると直に地面に手や足が触れるため、心配な親さんもいます。そこで「やはり今年は近くの小学校の体育館を借りて行うことにしよう」と幹事会で話されました。職員間では「来年は園庭でやりたいね」と話しながら、今年度は前の日に園から荷物を全部体育館に運んで、運動会をしました。


運動会は室内でしたが、少しずつ外で遊べるようになると、今度は雪で遊べないかしら、と考えはじめました。雪が降る前の十一月の懇談会で少しずつ提案をはじめました。

十一月の時にはやはり、しばらく沈黙が続き、重い空気でした。私たちは学習会で話を聞いていたので、雪も水と同じで遮蔽効果があり、値が下がることは知っていましたが、測ってみると本当に値が下がるのです。それで、雪が降った日に、「こういう線量なのですが、乳母車じゃなくて直に子どもに歩かせたいのです。どうでしょうか」と話していきながら、十二月の懇談会で、親さんに雪が降ったときの線量も見てもらって、少しずつ、少しずつわかってもらいながら「どうでしょうか」と問いかけ、どの家庭からも「いいですよ」というOKの返事をもらえたのが一月のはじめぐらいです。

子どもたちは、保育園の生活の中で靴を履いて散歩するということとか、外で遊ぶということは、この雪のときがはじめてなのですが、もううれしくて、そりを引いたり、お友だちを乗せたりしながら、乳母車に乗ってではなく、自分が行きたいところに自分の足で行けるということを楽しみました。

雪で線量が下がるとは言いつつ、お母さんたちの気持ちとして、内部被曝を避けたい、ということがあるため、「口に入れることが心配です」と一月の懇談会で話してくれました。それで、「わかりました。絶対に口には入れないようにしていきたいと思うので注意して見ていきます」と、親さんたちとも確認をとりながら、雪が降れば外に出て散歩を楽しみました。

この冬（二〇一一年十一月〜二〇一二年三月）は福島もいつもより雪が降りましたが、降るときと降らないときがあって、ちょっと天気がいいと、全部乾いて土が見えてしまうのです。そうすると外に行けないので、「今日は雪がないからなあー。乳母車かなあ」と子どもたちに話すと、「雪ないの？」と、一歳の子どもたちも言うようになっていました。

やはり乳母車での囲われた散歩より、自分が行きたいところに行ける散歩が楽しいですよね。本当にそう思います。雪の上ではありますが、子どもたちが自分の足で歩き、遊べるところまできました。私たちの保育園は今までこのようにして遊んできました。

これから……

この十一ヵ月、それまでは本当に当たり前に行っていた活動が当たり前にできなくなり、子どもたちにとって何がいいことなのだろうか、今私たちにできることは何だろうかと、保護者と職員とで考えながら一つひとつ進んできました。正しく知ること、そしてそれを共有できる同僚や家族がいることで、先へ進む力を得ていることは確かです。

国から一方的な「収束宣言」が出されましたが、私たちの生活の中ではまだまだ放射能の影響は大きく、なくなっていません。三年で放射能は半分に、十年で三分の一、元の値に戻るのは、三十年と言われています。地域の除染はやっとはじまったばかりです。市全体が終わるのは本当にいつのことになるのだろうかと、私たちは不安でいっぱいです。三十年と考えると先は長いのですが、やはり私たちは、子どもたちにどのような保育を届けることができるのか、何がいいのだろうか、と子どもたちを真ん中にして考えながら、安心して子育てができるようにしていけたら、と思っています。

また、子どもの健康について、お母さんたちは不安に思っています。きちんとした医療機関による適切なチェックを子どもたちが無料で受けられる制度ができるよう、私たちもいっしょに要求をしていきたいと思っています。

二度とこのようなことが起こらないように、三月十五日の放射能で汚染される前の、子どもたちがなんでもなく安心して外で遊べる、当たり前のことが当たり前にできるような福島に早く戻したい。こんなことは私たちの所だけで終わらせたいです。日本の子どもたちがこんなふうになるのは本当に悲しいなと思うので、「原発反対」を訴えていきたいなというふうに思っています。

＊本稿は、お茶の水女子大学ＥＣＣＥＬＬ主催シンポジウム（二〇一二年二月十一日）でのお話をもとに再構成したものです。

おれたちは、もう外で遊びたいんだ！

大澤由記
福島・さくらみなみ保育園保護者

私の生まれ育った福島市は、周囲を山に囲まれた、桃、梨、りんごなどの果樹園が広がる本当にのどかな農村地帯です。言ってみれば何も無いところなのですが、一躍世界的に有名になってしまいました。

わが家には、小学二年生、五歳、二歳の三人の男の子がいます。そして、下の子二人をさくらみなみ保育園という保育園に預けています。さくらみなみ保育園は、福島市南部に位置し、まわりには田んぼと大きな工場があって、おもに農家と工場に働く人たちが暮らしているところにあり、園児七十三名が毎日、楽しく元気に過ごしています。この保育園は、保育士と保護者のつながりを大事にしており、園長と各クラスの代表が話し合う保護者会役員会、クラス担任とクラスの保護者で懇談するクラス懇談会を毎月行っています。私は、「くだもの畑」という保護者会の広報を発行し、その中で、私がその時々に思ったこと感じたこともあわせて保護者のみなさんに発信をしてきました。

景色から色が消えてしまった

私の勤務先の病院には、事故直後から被災者と避難者の方がたくさん来られました。原発から約六十五キロのところにある福島市の渡利地域にあるため、原発事故から逃れてくる方の、福島市の玄関口となったのだと思います。そのため、だれもが放射能についての情報や知識がなくとまどう中、職員は直ちに対応を迫られました。ひどく動揺し、混乱しましたが、二年ほど前まで、広島の病院で長年にわたり原爆症の治療に携わっていた医師が勤務しており、放射能の基礎知識や現在の状況などについての緊急学習会が行われました。その学習会をきっかけに一定落ち着きを取り戻し、職員全員が一丸となって対応できたと思います。

職場ではそのように一生懸命がんばっていたのですが、家に帰ってこの放射能汚染という予期せぬ事態に対応しようと思うと、どうしていいかまったくわからないという状況でした。桜の花が咲いていたけれど、それを楽しむ余裕などなく、自分が見ている景色に色がない。そんな印象でした。

放射能って何？　マイクロシーベルトってなに？　と専門用語からはじまって、マスクは必要なの？　家の窓を開けてはだめなの？　洗濯物は外に干してはいけないの？　と普段当たり前にしていたことをいちいち悩む生活が続きました。

目に見えない物への不安と恐怖は本当に計り知れませんでした。自分が今歩いている場所は大丈夫なのだろうか？　そんなことを考えながら息をなるべくしないように外を歩いていました。日常生活をどう過ごすのかを毎晩のように夫婦で話し合い、悩みながら必死に過ごしてきました。

仲間と集まることで感じる大きな安心感

私には、次男が〇歳児クラスの時から、懇談会をきっかけに仲よくなり、家族ぐるみでおつきあいをしている仲間が数人います。三月の終わりの日曜日、その仲間の一人のお父さんが、家にお米を届けてくれました。せっかくなので家に上がってもらい、お茶を飲みながら、この間の状況や、他のみんなの情報など、少しの間ですがいろいろな話をしました。

なんでもない会話でしたが、久しぶりに職場や家族以外の人と会話をしてほっとしている自分に気がつき、自分がほっとできるのなら、みんなで集まればみんなでほっとできる時間ができるのではないかと考えて、みんなに連絡を取りました。その結果、その日の晩にわが家を含め四家族が家に集まり、子どもたちも久しぶりに会う友だちと楽しく遊び、おとなたちも久しぶりに味わうアルコールを飲みながら、地震の時の様子や、洗濯物、飲み水、外に出る格好などお互いに情報交換をすることができました。このことがあって、あとに述べるクラスでの一泊旅行を企画するなど、みんなでつながり楽しむことができたのだと思います。家族という一番小さなつながりも大事だけれど、家族同士、保育園の保護者同士つながり合うことが大きな安心になるのだと感じた出来事でした。

春に保護者会の会長になった私は、とにかく「保育士と保護者、保護者同士のつながりを大事にする」「知識を身につける」ということに力を入れました。四月初旬に保護者会主催で、前述の医師を講師にお迎えして学習会を行いました。学習会では、「ただ恐れているだけではいけません。正しい知識を持って理性的に恐れて対応することが大事です」「親御さんが、ここで育てると決めたらそれでいいのです。遠くへ移り住むと決めたらそれでいいのです。どちらの決断も、わが子を思う愛情です。それが子どもを守るのです」と教えていただきました。

「理性的に恐れる」ということを実践するために、実際に今自分がいる場所の線量をきちんと測って確認することにしました。私はこの時期に線量計を購入することができ、実際に自分の家の中や外を測定しました。また、保護者や職員のみなさんにも貸し出して、自分の身の回りがどのぐらいの線量があるのかを把握し情報交換をしました。

悩み揺れる日々

五月に入り、気温が上がってきて、家の窓を閉め切って、マスクをして外出するという生活に限界を感じていました。子どもたちは、家の中だけの生活に我慢できず、外で遊びたがったので、少しならいいかなと思って、ジャンバーを着込み、長袖長ズボンにマスク、という春の外あそびらしからぬ格好でお散歩に行きました。

七月、まわりで県外へ避難していく人が目に見えて増えてきました。週刊誌で線量が高いと取り上げられたことをはじめ、テレビ、インターネットなどさまざまなメディアや情報に不安をあおられて、まわりが落ち着かなくなってきたように思います。やっぱりここにいてはいけないかもしれない、という雰囲気が広がり、私も「ここでは暮らせないのでは？　いや、大丈夫」と毎日、いやもっと短い周期でくり返しくり返し悩んでいました。

それでも毎日の生活は続くし、仕事や保育園の行事もあるのでお互いにがんばろうと声をかけ合いながら生活していました。同じ悩みを持ちながら生きている保育園の仲間がいたことがとても心の支えになりました。今もそれはずっと続いています。

みんなで創意工夫して行事を楽しむ

同じころ、学校や保育園では、外での活動を見合わせていました。さくらみなみ保育園でも外での活動をまったくできない状況でしたので、夏祭りや運動会などの行事をどうしたらいいか園長先生と相談しました。私は、外での活動が再開できるかは不透明な状況なのだから、室内で行うと決めて、室内で楽しく行うにはどうしたらいいか考えようと提案しました。

夏祭りは、いつもは園庭で子どもたちの踊りや、地域のお年寄りがたたく太鼓に合わせて盆踊り、保護者会で用意した打ち上げ花火などをして楽しんでいました。今年は、食堂や教室を使って室内で行うことにして、毎月行われる保育園と保護者の役員会で室内で楽しく行うにはどうしたらよいかを検討し、保護者の知り合いにお願いして、バルーンアートを行ったり、花火は室内から見やすいように工夫するなど、いつもとは違った夏祭りを行うことができました。また、バスで県外の動物園に行く保護者会企画をはじめて行いました。あいにくの雨になってしまいましたが、大勢が参加して楽しむことができました。そのほか、運動会、いも煮会、望年会など毎年行っている行事も、改めてみんなで検討し創意工夫をして楽しむことができました。

年度末の役員会の中で、「クラスのお泊まり会などをして交流できてクラスのまとまりができた」「思い出がたくさんできた素敵な一年だった」「役員は大変そうなイメージだったけど雰囲気がよくて、保育園でいろいろな情報を聞くことができた」「行事に参加できて楽しかった」「放射能の不安がある中、懇談会で保護者同士、悩みを話せたり、いろいろな情報交換ができた」と、保護者から感想をもらいました。決して楽ではないときに役員として活躍してもらった保護者のみなさんから楽しかったと感想をもらえたのは、みんなで情報を共有し、つながり合い支え合いながらできたからだと思います。

そとで　あそべなくて　ざんねんですね

子どもたちはずっと家の中にばかりいて、外に出て遊べない状況の中、小学二年の長男が、一枚のハガキに手紙を書きはじめました。保育園卒園と同時に会津若松市に引っ越した同級生に送りたいというのです。

「しんさい　の　あと　おひさしぶりですね。大じしんで　げんしりょくはつでんしょが　ばくはつ　して、そとで　あそべなくて　ざんねんですね。そとであそべなく　なったけど、がんばりましょう」

と綴ってありました。私は、このハガキを見て愕然としました。子どもたちが一番の被害者だ。子どもたちは、莫大なストレスを抱えて生活しているのだと改めて思い、とても悲しくなりました。手紙を受け取った同級生のお母さんもとても驚いて、すぐに長男の同級生みんなで遊びにおいでと誘ってくださり、みんなで遊びに行くことにしました。

外あそびが制限される中、福島県の外あそび助成制度を利用して、保育園のクラスのみんなに声をかけて、泊まりがけで旅行に行きました。この助成制度は、助成を受けるには制約があり、未就学児、または小学生が五人以上集まらないと使えないのです。一人っ子の保護者から、「使いたいけど使えないよね」という声もあり、それならみんなで行こう、ということで企画しました。バスをレンタルし大型免許を持つお父さんが運転手をしてくれて、自由気ままなバスの旅。ペンションを貸し切ってバーベキューをしたり、冬にはスキー場に行き、そりあそびをしたり、子どもたちを外で思いっきり遊ばせ、夜は保護者同士の交流会。子どもたちはのびのび遊び、家族同士さらに親睦が深まり、気持ちをリフレッシュできたと思います。

夏に、職場に無理を言って私と妻と二人で合わせて一週間の休みを取り、北海道で行われている被災者支援事業に応募して、一般のお宅に家族でホームステイさせていただきました。お世話になったホストファミリーの方が、私たち夫婦に「今まで、お疲れさま、ここでは何もしなくていいんだよ。親戚の家に遊びに来たつもりでゆっくり休んでいってね」と言って下さり、本当に心が癒されました。

三男はこのころ、一歳半ぐらい。ちょうど歩けるようになったばかりで、北海道ではじめて砂に触って遊んだのです。そのくらいの年ごろというのは、外に出て、虫や、草花や土でたくさん遊ぶ時期だと思うのですが、今までまったく経験させてあげられませんでした。上の二人は、高校の馬術部のみなさんに乗馬体験をさせてもらったり、みんなで、ホストファミリーの家の前でバーベキューをしたり、夜にはカブトムシをとりにいったりと、子どもたちは何の制約もない中でのびのびと遊ぶことができました。

私たちおとなも、放射能のことを考えずにすみ、本当にのんびり過ごさせていただきました。また、福島に帰るときに「そっちで食べられないでしょ?」と言って帰りに近くの農家の方が野菜を持たせてくれたり、その時に知り合った友人が「お米大変でしょ?」とお米を送っていただいたりと、みなさんのあたたかいお言葉と、支援に支えられていることを感じながら、心も体もリフレッシュできた充実した夏休みとなりました。また、いったん福島を離れることで一歩引いた目線で自分たちを見つめ直すきっかけにもなったと思います。

くだものの季節をむかえて

わが家の道路向かいにある大きな栗の木は、地主の方に「この栗はとって食べていいよ」と言われていました。子どもたちは、栗拾いをとても楽しみにしていました。しかし、福島市の栗は、国の基準値を超えて、出荷制限されるようになりました。子どもたちに理由を話し、栗を我慢することにしました。子どもたちは、「栗がかわいそうだね」と悲しそうな顔をしていました。柿も、干し柿が暫定基準値を超えたので、家の庭に実った柿も同じように我慢することにしました。

この秋、せっかく実った梨やりんごや柿の実が収穫されずに放置されていました。たわわに実った果物たちが、収穫されずに実ったまま腐れ落ちていく姿を生まれてはじめて目にしました。とっても悲しかったです。農家の方はそれ以上に悲しく、くやしく思ったに違いありません。この光景をくり返さないように私たちには何ができるのでしょう。

福島市は、桃、梨、りんごの産地です。福島で暮らしていると、それらの果物は、近くの農家の方からいただく機会も多くあり、収穫の季節には毎日のように食卓に上がっています。それらの果物すべてを我慢することはむずかしいと思い、少しだけ食べることにしました。放射性物質がゼロではないかもしれませんが、それを我慢する食卓よりも、多少食べて「おいしいね」と言い合えることを選択しました。

スーパーには、福島県外産の野菜と県内産の野菜がコーナーを分けて販売されるようになりました。私は、福島県産・県外産という情報だけで購入するかどうかを判断したことはありません。福島県のホームページで発表される農作物の放射性物質検査の値を見ながら、放射性物質を取り込みやすい作物とそうでないものを判断し、県内産であれば汚染されていない種類の野菜を、福島県外産では汚染の少ない地域から購入するようにしています。近所に、農民連という農業団体が直営でやっている八百屋さんがあります。そこの野菜には、放射性物質の検査を行い検査結果が出次第、売り場に表示されるようになっています。放射性物質がどのくらい検出されたかを包み隠さず表示し販売しています。たとえば、二十ベクレル出ているものを買うか買わないかを消費者である私たちが選択することができるのです。福島県外産だから「安全です」というのではなく、生産者が出荷前に放射性物質の検査を行い、安全なものを検査結果の数値とともに提供するしくみを整え、消費者が選択して購入できるようにすることが必要なのではないでしょうか。

どこで暮らしていても受けた被害は同じ

沖縄に引っ越した友人と久しぶりに電話で話をしました。

「福島に残っている人たちに申しわけない気持ちでいっぱいで……」

話しはじめてすぐに、彼女はそう言っていました。福島でがんばっている人を見ると心苦しいと、思いを話してくれました。沖縄に移り住むことを子どもたちに話したとき、子どもたちは、「いいよ」と了解してくれていたけれど、実際に引っ越してみると、あまりにも遠い福島との距離や季節、習慣の違い、新しい環境へのとまどいから「福島に帰りたい……お母さんのうそつき！」と言って泣き叫ぶ日々が続き、彼女は、この選択はまちがっていたのかと自問自答していたそうです。

九月に借上げ住宅に引っ越し、生活のリズムも落ち着いてきた十月ごろ、お母さん自身、ひとりで過ごす時間ができると急に、いろんな思いがあふれ、沖縄の強い陽射しさえも恨めしく、家にこもりがちになってしまった、と胸の内を話してくれました。

「でも、就職も決まり、職場の方や子どもの同級生ママとの何気ない会話をしていく中で、人と人とのつながりを感じ、つながり合うことの大切さを実感して次第に元気を取り戻せた」とうれしそうに話していました。「第二の故郷となる沖縄を楽しまなくちゃ！　今はそんな思い」と明るく話す声を、私は、元気になってよかったね、よくがんばったね、と思い聞いていました。

私たちは、当たり前の日常を破壊され、そこから自分を、子どもたちを守る選択をせまられ、それぞれに自分にとって最善の選択をしてきました。福島に暮らす人、遠くに避難した人、受けた被害は同じです。私たちはそのことを忘れてはいけない。差別化によって分断され力が分散していってはいけない。そんなことを感じながら話をしました。この私の大切な友人には、故郷の季節を感じたくなったら、いつでも帰ってきてほしいと願っています。

子どもたちは怒っている

食品の対応や自宅の除染など目の前の対応に追われていましたが、それだけではいつまでたっても子どもたちが安心して生活できる世の中にはならないのでは？　そのために、私たちも、何かアクションを起こさなくては、と夫婦で話し合うようになりました。

そんな時に、〝なくせ原発！　10・30集会〟という催しが福島市内で行われると聞き私たちも参加することにしました。子どもたちに集会の話をして、参加するかたずねたところ、「あったりまえじゃん！」「行くにきまってるでしょ！」と即答が返ってきました。せっかく参加するのだから、何かアピールするものを持って行こうと子どもたちと相談し、プラカードを作ることになりました。

次男に何か言いたいことはあるかとたずねると、「おれたちは、もう外で遊びたいんだ～！」と叫びました。その叫びを母がプラカードに書き、次男が自分で色を塗り仕上げました。長男は、雑誌を参考に爆発した原発建屋の絵を描き、怒りを込めて、「いらん！　げんぱつ」と書いていました。集会に参加し、デモ行進をしている子どもたちの表情はとても真剣で怒りに満ちていました。

なくせ原発！　10・30集会
「行くにきまってるでしょ！」

「原発はいらない」――この言葉は、私たち、子どもたち、みんなの思いであり、この福島から全国のみなさんへ発信していかなくてはいけない、その思いが一層強くなりました。そして、それは私たちがこの地で生きている証でもあり、一人のおとなとして子どもたちに対してできるせめてもの責任なのではないか、と思うようになりました。

次男は、小さいころから動物や草花が大好きで、散歩に行くと必ず道端に咲くタンポポや小さな花を摘んでは、小瓶にさして家に飾っていました。震災・原発事故から一年が経過し、春の気配が近づいてきたある日、次男が突然「もう、花なんて踏んづける」と言ってきました。「なぜ?」と聞き返すと「どうせ、取っちゃダメっていうんでしょ」という答え。この答えに私たちは絶句し、涙しました。

普段、自分たちの頭の上でおとなたちが、「これはどうする?」「これは食べていいんだっけ?」などと放射能に関する話題を絶えずしていることを子どもたちは何も言わず、ずっと聞いていて、子どもたちもおとなの不安やストレスを感じているし、実際、自分が外で自由に遊べない、草花や虫を手に取って触ることもできないという状況が長期間に及んでおり、我慢も限界になっていると改めて痛感しました。長男や次男のように、言葉に表現して発信できればまだいいほうで、多くの子どもたちは、自分の抱えているストレスや不安な思いをうまく表現できないでいる。そんな子どもたちの思いをもっと聞いてあげて、最大限それを軽減する努力をおとなたちがしていかなくてはいけないと思います。

分断に抗して理解し合いつながるために

人とつながることが安心感につながる、と感じていた私は、保護者会の会長として、会報の「くだもの畑」を通じて、とにかくメッセージを発信することを心がけました。また、正しい知識を身につけることが安心感につながると思い、学習会を開き情報を共有してきました。外あそびに不安のある保護者や、自分はどうしていいかわからないと訴えてくる保護者にも、地域で開催されている学習会を案内したり、話を聞いてあげたりとなるべく気持ちがばらばらにならないようにするにはどうしたらいいのかを考えてきました。

福島市には、福島市保育所保護者会連合会という市内の保育園保護者会組織があります。長年、バレーボール大会や、映画館紹介などの文化事業が中心となっていましたが、震災後すぐに会議が開かれ、各保育園の状況や、夏祭りをはじめとする行事の対応などについての情報交換が行われ、市内の保護者の情報交換の場として大きな役割を果たしました。また、「除染の徹底」「被ばくから子どもを守る」「保育内容の充実」などを求める要望書を三度にわたって自治体へ提出しました。保育園の園庭の表土除去や、園舎の除染、遊具の交換、給食の放射線測定など、自治体に働きかけて実現したことがたくさんあり、保護者会連合会の存在意義は大きかったと改めて思います。

あの事故から一年、福島市の発表する空間線量は〇・七マイクロシーベルト毎時前後で、まだまだ安心できるとは言いがたい状況ではありますが、私は、今、福島市で、比較的落ち着いて生活していると思います。そして、子どもたちがこれ以上ストレスを抱えるよりは、いっそ笑顔で今まで通り遊んできていいよ、と言ってあげたい気持ちでいます。それは決してもう安心だと思えるからではなく、子どもたちの抱えているストレスがあまりにも大きいため、これ以上さまざまな制約を続けることのほうが、むしろ子どもの心や体を害するのではないかと危惧するのであって、非常に苦しい選択の結果そう考えるのです。

しかし、福島で暮らす人々がみな同じ思いとは限りません。人によってさまざまな考え方があり、原発事故により、正解も標準もない不安定な状態に追い込まれています。放射能による実被害はもちろん、この正解も標準もない中で、お互いを比較し、気持ちを分断されていく、そのことがいっそう私たちの被害を大きくしているように思います。お互いの立場を理解し合い、手を取り合って自分にできることは何か考え、それぞれに行動を起こす必要があるのではないでしょうか?

私は、この震災、原発事故を通して、自分たちや子どもたちのことを考え行動する家族の大切さ、友人との何気ない会話の中にある共有することの安心感、保育園やその保護者が力を合わせてピンチをチャンスに変える楽しさ、福島市保育所保護者会連合会を通じて福島市内の保護者が一体となり行政に働きかける力、被災地域の外から手をとり合っていっしょに考えていこうとする人たちとの出会い、さまざまなよい経験をすることができました。

福島大学の大宮勇雄先生が、「今の福島は、一人の専門家の言うことを信じるのではなく、みんなが一つひとつの問題についてともに自ら学び考えて知恵を出し合って、はじめて復興のスタートラインにつくことができるのではないか」とお話ししていました。原発事故から一年が経過しましたが、何一つ問題は収束していないし、これから新たに発生する問題もたくさんあると思います。被災地域以外で暮らしている人にとっては過去のものになりつつあることかもしれませんが、私たちは、自分たちで必死に学習し、みんなで力を合わせて実践してきて、やっとスタートラインが見えてきたのだという現状をみなさんに知ってもらいたいです。そのためには、福島で暮らしている私たちが、そのことを全国に向けて発信していかなければいけないのだと感じています。

この原稿を依頼されるにあたって、「なぜ避難しないの?」「小さな子どももいるのに大丈夫なの?」と、ここで暮らすことを否定されてしまうのではないかという不安もありましたが、全国のみなさんと少しでも手をつなぐきっかけになれたらと思い執筆させていただきました。また、自分があの事故以来、何を考えてどう行動したのかを見つめ直すよい機会となりました。今を生きる者として、これからを生きる子どもたちに自分に何ができるのかこれからも考えていきたいと思います。

＊本稿は、お茶の水女子大学ＥＣＣＥＬＬ主催シンポジウム（二〇一二年二月十一日）でのお話をもとに執筆したものです。

親しい友人の話に耳を傾ける気持ちで

菊地知子　お茶の水女子大学

二〇一二年の二月十一日に、お茶の水女子大学ＥＣＣＥＬＬで、「第四回子ども学シンポジウム　今、子どもが育つ環境を考えるⅢ――福島発、子どもたちの現在」と題する会を催しました。[1]その時に、ご家族と共に福島からお話をしに来てくださったのがさくら保育園で保育士をしている鈴木直子さんと、さくらみなみ保育園保護者会長さんの大澤由記さんでした。お二人は、さくらみなみ保育園で同級生だった元園児の保護者同士でもあります。

今般の大震災とそれに続く原発事故という災禍で、いったい何をどう考えて何をすればばいいのか皆目わからずに、涙とため息と諦念まじりの怒りばかりに支配されそうになる中、福島から離れたところでも福島のことをしっかりと聴かせてもらい、過たずに受け取らせてもらわなければ、私たちはどこへも進めない、と思いました。長く福島の保育者と共に研究を進めていらっしゃる大宮勇雄先生にお願いをして、お茶大まで来てお話をしてくださる保育者、保護者の方を探してお声かけしていただき、先のお二人から、迷い悩みつつも、福島で生活をし、保育・子育てをしていこう、そのためにできることは精いっぱいやっていこう、という心からの思いや姿を、伝えていただくことができました。

お二人にお話をしていただくには、話してほしい、聞かせてほしいという願いと、わが身のこととして引き受ける応答性のようなものが不可欠であると感じていました。そのためには、大切な親しい友人の話を聴くつもりで聴かせてもらおうと自らも願い、参加者にもそうしてほしいと伝えることが、一番適切であるように思いました。『星の王子さま』(2)のキツネではないけれど、友だちにならなければ、その人のことなど本当にはわかりません。友人の大切さは私にとっては時に、家族以上かもしれず、子どもにひどいことをしてしまった時、家族に嫌なことを言ってしまった時、大切な友人になら決して言わないこと、しないことを、家族や子どもにもしてはいけなかったな、という風に、反省したりします。シンポジウム当日は、お話のすばらしさに加えお二人のお人柄のよさがにじみ出て、会場にあたたかで静かな共感が広がったように感じました。お話ししていただいて本当によかったと思いました。

シンポジウムからひと月ほどして、お茶大に来てくれた四人の子どもたちと直子先生といっしょに、私の知り合いが裏方の中心になって地元の子どもたちと作り上げた名取市子どもミュージカルを見に行きました。なんとも味わい深く楽しい道行きでした。それからさらにひと月あまり経った四月の終わり。満開をわずかに過ぎた桜を、福島で見ました。大澤さんとのメールのやりとりの中で、この日保育園児の家族で集まってお花見をするという情報をたまたま得て、それなら私も！　と保育園保護者のみなさん――このあたりの園では「親さん」とさりげない敬意や親しみを込めて呼ばれるところの方たち――の親しい輪に、ちゃっかりと加えてもらったのです。大澤さんがクラスのみんなに声をかけると、参加したいという声が思いの外多く、外に出て遊ぶことをみんなが望んでいるのだと思ったと言い、今年は「当たり前のことを当たり前にする」ということを試行錯誤する年になりそうだと伝えてくれました。

福島駅まで大澤さんに車で迎えに来てもらい、上の二人の子どもたちとも再会。また会えたことを喜び合えるうれしさは、こと相手が子どもであればひとしおです。六人とたくさんの食料や飲み物など花見グッズを載せた車は、あづま運動公園をめざします。ここは比較的線量が低いと言われていて、大澤さんが事前に実測したうえでお花見を決定したと聞きました。道中には、走り過ぎるのがもったいないほどに咲き誇る桜や桃や、濃い桃色のハナズオウなどがあちらにもこちらにも見えます。

前方に大きく山が見えてくると、助手席に座るお連れ合いの秋恵さんが、「この時期には『ゆきうさぎ』が見えて、ちょっと有名で。だけど見えないかな……」と残念そうに言います。ああ、雪うさぎ、聞いたことあるな、見たかったな、と私は小さく独りごちます。山に降って溶け残った雪が、この季節、ウサギの形に見えて、それを「雪うさぎ」と呼び、このあたりに住んでいる人にとっては毎年の光景でありちょっとした自慢なんですよね……。

気圧されるほどの、それでいて、「いいんだよいいんだよ」と人間のちっぽけさを包みこんでくれるような、人知の及びつかぬ息を呑むような美しい春。これが、私たちの住む首都圏の街よりも少し遅い福島の春の、常の姿なのでしょう。雪うさぎが見守り、木々の花々がいっせいに咲き誇るこの景色を見ることもない、あるいは見ても色が無いか灰色にしか見えなかった、昨春だったのですよね。問うでもなく言うでもなく、けれどもまちがいなく、それぞれの胸にさまざまな思いが去来します。

到着した公園では、よく晴れた空の下、笑顔や笑い声、走り回る姿、親しい者同士の冗談交じりの何気ない会話などはもとより、どの子がどの人の子か、一見してはわからないくらいおとな子どもが入り混じってかかわっている様子は、それそのものが大きな希望に見えました。育休中の元の担任保育士さんがご家族といっしょに参加していたり、「聞き覚えのある子どもの声がしたから、このあたりだとわかった」と、広い広い公園の中を捜しあてて顔を出してくれる保育士さんが何人もいたりと、人と人とのあたたかいつながりの中で子どもたちが育っていることに心底安堵しました。

もちろん、一昨年までお花見をしていた場所は線量が高くお花見ができる状況ではないなど、ただ当たり前にみんなで集ってお花見をする場所を決めることひとつにも理不尽な困難がつきまとうような、安堵などしている場合ではない状況ではあります。地震で大地は大揺れに揺れ、福島第一原子力発電所の爆発以後は、のびやかな呼吸さえ（呼吸をこそ？）許さないような文字通り得体の知れない空気が満ちて、その大地に足をつけて踏ん張り、からだにいいおいしいものを食べ、のびやかに当たり前に呼吸することを目指していくことには、本当に計り知れない（としか言いようがない）苦悶、葛藤があるでしょう。そもそもが人の暮らしですから震災以前にも、人それぞれに、家族や地域それぞれに、困難や矛盾を抱えていたはずです。それに上乗せするように、つながりが分断され修復が困難に思えるような状況が今なお増え続けているかもしれません。ちゃらちゃらと楽観的なことを言うつもりはまったくないけれど、それでも、なおも保たれ、あるいは新たに深まり広がりうるつながりもあるのだな、と思えた、その日のお花見の光景でした。

私は、人が、その人の家族や仲間や知り合いや住んでいる場所や身近な自然や産物を、自慢するともなく自慢するのを聞くのが好きです。誇らしく思う気持ちが好きです。驕るのでなく媚びるのでなく飄々と淡々と、ただ当たり前に「ほら、見て」と差し出されると「うわあ本当だ！　いいなぁ！」と言いたくなり、そのモノや気持ちの〝おすそわけ〟が何とも言えずうれしくなるのです。保育園や幼稚園にお邪魔するような機会にも、「本当にうちの子たちってやんちゃで、遠慮を知らなくて」などと少し困って見せながら、もう下がらないよ、というくらい目じりを下げる保育者に出会えたりすると、この子たちのことをだれよりも知っている、という自信がまぶしく、かわいくてしかたがないのだな、と、自慢に思う気持ちがうれしくなります。幼子が自らは求めない子どもの権利にしても、そうやって守られようとしてきた部分があると思うのです。

十六世紀末にはるばる日本にやってきたポルトガル人たちは、「アモーレ（愛）」という彼らの言葉を「お大切」という日本語の訳語にあてたと言います。わりと有名なことかもしれませんが、それを知った昔、妙に得心がいったものでした。

人ひとりというのは、本当に、なんと心もとなく心細い存在だろうと思います。けれど、人と手をつなげばあたたかくなるし、大切に思う人がいてくれることを想えば心丈夫になります。こんなに小さくて非力な私にでも、居てくれて心強い、と言ってくれる人がいる。人はどのひとりも、その人でしかない代わりようのないその人であると同時に、みんなを代表して「その人」を生きている、そんな思いが私にはあります。ユニークな（独自な）一人ひとりでありながら、自分以外のみんなの代表としてたまさかかつ必然的に、みな、その人をやっているのであり、みんなとひとりというのは、決して相矛盾したり対立したりするものではない、むしろ内包し合う関係のような気がするのです。その人の内包するみんなのためにも、どの一人ひとりも大切にされなければならないと私たちは無意識裡に思うのではないでしょうか。今も福島で、その大切な一人ひとりがつながりの中で続けてきたであろう当たり前の日常が、理不尽に踏みにじられ続けているとしたら、だれにとってもそのままでよいはずがありません。

ここで生まれ育ったことを、ここで大切に育てられたことを、子どもたち自身が自慢に思い、「いろいろあってもきっと大丈夫」と思って子どもたちが生きていけるところであり続けてくれないと、みんなが困るのです。子どもたちの、人や自分や未来を信じる気持ちを、私たちが誇らしく思えることなしには、だれもが楽しく生きてはいけないのです。

本当になんという思いをさせてしまっているのだろう、と、今もただ「すまないな、どうしよう」と感じることの多い中で、避難していった人の思い、離れ離れに暮らさざるをえなくなった家族の思いなども引き受けつつ、背負いつつ、この地で保育・子育てをしよう、ともかく今日も（そしてきっと明日も）福島で生きて行こうという友人たちに、これからも声を聴かせてほしい、いっしょに考えさせてほしい、できることはいっしょに行動させてほしいと言い続けたいと思います。そして「ほら、こんなこと言ってるのが聞こえるよ！」「聴かせてもらおうよ！　考えさせてもらおうよ！」と、呼びかけ続けていきたいと思っています。そうすることが、あの日お話ししてくれた人たちとその家族や仲間の、友人でありたい私の甲斐性です。

（1）お茶の水女子大学ＥＣＣＥＬＬ（エクセル）Early Childhood Care/Education and Lifelong Learningの頭文字で、乳幼児教育を基軸とする生涯学習モデルの構築事業の略称。お茶の水女子大学大学院の浜口順子先生をリーダーとして二〇一〇年度より六ヵ年計画で進められている特別経費による教育研究プロジェクト。シンポジウムでは、ＥＣＣＥＬＬメンバーの一人、安治陽子さんにも、在京の母親として、また臨床心理を専門とする立場から、コメントをお願いしました。

（2）サン＝テグジュペリ作、内藤濯訳、岩波書店

命の視点から保育と保育制度を問う

藤崎隆
宮城・なかよし保育園園長

東日本大震災から一年。未だに身体に残るあの揺れと恐怖は、時折くる地震のたびに舞い戻ってきます。東日本大震災を記録として残し、教訓として後世に語り継ぐことの大切さは、頭の中では理解しつつも、テレビから流れてくる津波や家屋崩壊の映像をじっと見つめることができないままこの一年を過ごしてきたように思います。

「どんな地震がきても、自分で揺れたら震度1」

昨年卒園して、今年小学二年生になった子どもが地震の恐怖と闘いながら発した一言です。こわくて恐ろしくて大声で泣きたいけれど、年長児として精いっぱい強がっている彼の気持ちが手に取るように伝わってきます。

なかよし保育園は、一九八六年に自宅の一階を保育室にして、当初個人立の無認可保育園として宮城県角田市に開園しました。そして二〇〇八年には、NPO法人かくだ共育ちの会運営の定員三十三名の保育園となりました。個人立の時から、「保育園は子どものあそびの広場」という思いから出発し、保育施設の役割は子どもが健やかに育つ場・保護者が安心して働ける場・保育者が安心して働ける場であり、地域とつながり支え合える場でありたいと願いながら現在に至っています。

今、改めて、東日本大震災で幼稚園・保育園が果たした役割や果たすべき役割、今後の保育施設・保育制度のあり方が問われています。今回の震災で幼稚園・保育園でわが子を失った遺族の訴えや、なぜこのような時期に「子ども・子育て新システム」（以下、「新システム」）を導入しようとしているのかを、無認可保育園の経営・運営・保育の立場から考えてみたいと思います。

踊る園庭の砂　波打つ田んぼ

まるで夢でも見ているかのようでした。映画のワンシーンのようでもあり、ただただ恐ろしい瞬間でした。

二〇一一年三月十一日金曜日、十四時四十六分、そろそろ子どもたちはお昼寝から起きる時間でした。「ガタガタガタッ」とサッシが揺れ、尋常ではない音と揺れで立っていることさえ困難でした。「地震！　地震！」と叫びながら〇歳児が寝ている保育室にゆき、二ヵ月半の子を抱き上げました。そして、まだ歩行できない〇歳児を一人の保育士が抱え、私は、隣家のしっかりと根をはった木のそばに立ち、子どもたちを呼び集めました。

保育士たちは揺れの中、子どもを外に連れ出してきました。まだ寝ている子どもを起こし、外に集めました。外に出ても、地鳴りとともに揺れは激しく、砂が踊り、私は裸足でいましたからまるで足裏マッサージでもしているかのようでした。前の道路が「ビシッ」っという大きな音をたてて地割れを起こし、園舎は大きく揺れ、向かい側に広がる田んぼが波打っているのを見て、大変な事態であることを知りました。

少し揺れがおさまったところでブルーシートを敷き、布団や毛布にくるまって余震がおさまるのを待ちました。その日のおやつのホットケーキがもう準備されていたので、それを配って食べました。子どもたちも、保育士の必死の形相から今起きている緊急事態を読み取ったのでしょう。一、二歳児でさえ泣くこともなく避難しました。

少し時間が経ったころに雨が落ちてきたので、職員の車も含め七台の車に三十三名を詰め込み暖をとりながら保護者の迎えを待ちました。この時は、後々ガソリンを徹夜で並んで調達しなければならないとは考えもしませんでした。両親とも自治体職員である一名を除き、十八時半までには保護者が迎えに来ました。残った一名も完全に真っ暗闇の中、車で自宅まで送り届けることができました。

幸い保育園は、沿岸から約十二キロのひと山越えたところにあったため、津波からの難は逃れることができました。その夜、ラジオで津波による相当数の遺体が沿岸部の浜にあるとの報道がされていましたが、すぐには実感できませんでした。翌日、当分は保育園を再開できないだろうと、職員数名で家庭訪問をして各家庭の無事を確認しました。それからの一週間は、断水と停電、ラジオからの情報の中での生活でした。そして、地震後十一日目から弁当持参で保育を再開し、十三日目から給食も出せるようになりました。

仲間の安否は？

一週間ほどで電気が復旧し、沿岸部の津波情報・原発事故をテレビの画像で見て、改めて地震・津波・原発事故による被害の大きさを知り、県内沿岸部の知人のことが気になってきました。

なかなか電話連絡がとれなかった石巻の保育園の園長とも連絡がとれ、保育園が床上浸水してまだ保育園の二階で寝泊りしているけれど、生きていることがわかりました。石巻や多賀城の保育者仲間とも連絡がとれ近くに住む知人の無事を確認しました。同時に、ガソリンの心配をしつつも、なんとか沿岸部の保育園まわりをと考え、当時保護者会の役員をしていた法人の理事に相談したところ、同行してくれることになりました。震災後はじめて沿岸部に行くので、道路の被災状況や沿岸部に立ち入ることができるのかさえわからないまま出発しました。

最初に行ったのは山を越えてすぐの山元町にある国立病院機構宮城病院の院内保育所でした。突然の訪問だったにもかかわらず、保育士の方が応対してくれました。そこでは二名の兄弟の園児が津波の犠牲になったことを知らされました。その院内保育所は、今回の津波で被害の明暗をわけたと言われている国道六号線より西の山側に位置していたので、津波の心配はない場所でしたが、「もっと山のほうにみんなで避難しようね」と言っていたところ、「おばあさんが心配だから」とお母さんが迎えに来られ、二人を車に乗せて自宅に戻ろうとして津波に遭遇したようだと話してくれました。「ご遺体も車の中で見つかったからきれいだった」と涙ながらに話され、私たちはなんとも言えない気持ちで「何かあったらご連絡くださいね」と言うのが精いっぱいでその場をあとにしました。

それから沿岸部のほうに車を走らせましたが、そこにはもうこれまでの町並みが想像できないほどの光景が広がっていました。道路だけは通行できるようにと工事車両が行き交い、ところどころは通行止めになっていましたが、気になる保育園があったのでそこに車を向けて走らせました。園児が減って閉園することになったという理由で、私たちの園も加盟している宮城県無認可保育所連絡協議会を脱会した名取市閖上の無認可保育園です。

通行規制されていましたが、事情を話し近くまで行きました。そこにはまったく跡形もなく破壊され瓦礫の山があるのみで、ただ呆然とするだけでした。キリンの絵が外壁に描かれた保育園の建物にも瓦礫が突き刺さり、庭には木造住宅の残骸と思われる柱や外壁の残骸が山のように折り重なっていました。もし、ここで保育されていたら、相当な犠牲者がでただ

沿岸部の保育園の様子をたずねてまわる
(名取市閖上周辺)

ろうことは容易に想像できるような状況でした。私たちが立っているすぐそばの壊れた建物から遺体が運び出されるのを横目に見ながら車を走らせました。その後すぐに市役所に電話し、保育園のみんなは無事であることを確認し胸をなでおろしましたが、帰り道は、漁船が田んぼにあったり、コンビニエンスストアにどうやったら入れられるだろうと思うほど車が詰め込まれた状態になっていたり、田んぼに車と車が支え合って立っていたりと、これまで見たことがないような光景が次々に広がっており津波の爪跡の大きさを実感しました。

子どもたちの犠牲

この東日本大震災の犠牲者は、警察庁緊急災害警備本部のまとめでは死者一万五千八百五十八人、行方不明者三千二十一人、負傷者六千八十人（二〇一二年五月九日現在）とされています。先の院内保育所の園児のように、宮城県内でも相当数の乳幼児の犠牲者がでていると思われます。子どもたちの人的被害について、幼稚園関係の人数は公表されていますが（「宮城県私立幼稚園被災状況」学校管理下死亡園児数十三名、学校管理下外死亡園児数四十六名、宮城県教育委員会まとめ、二〇一一年八月十九日現在）、保育所関係は公表されていません。詳細はともかくとしてもおおよその数は、市町村で現在把握している数だけでも集約して情報公開していくべきだと思います。今後の教訓を導き出すためにも重要です。
東日本大震災が起きた時刻は、保育園であればお昼寝から起きていたりこれから起きようとしていたりした時間帯で、幼稚園であれば降園の時間帯と重なっていたのではないかと思われます。そんな時に起きた悲しい出来事がありました。保育園・幼稚園関係者が幼い尊い命が犠牲になった事実をしっかりと受け止め、日頃の保育や安全への配慮、対応、今後の対策はどうあるべきなのかを考えるために、マスコミ報道からその概要を見ていこうと思います。

津波に襲われた幼稚園バス

石巻市では、幼稚園の送迎バスが津波にのまれ、五人の園児が亡くなりました。巨大な津波に襲われたあと、激しい火災となった石巻市門脇町周辺地域。焼け焦げ、横倒しになった状態でバスが発見されます。

「亡くなったのは、同市日和が丘四丁目の私立『日和幼稚園』に通う四〜六歳の男児一人、女児四人。斎藤紘一園長（六六）らによると、十一日の地震直後、亡くなった五人を含む十二人を乗せワゴン車が園を出た。門脇町や南浜町方面に住む七人を門脇小で降ろした後、大津波警報に気づき園に引き返す途中、津波に巻き込まれた。園児は十四日、変わり果てた姿でワゴン車の周囲で見つかった。保護者は焼け残った衣服などで子どもの身元を確認した。男性運転手は一命を取り留めた。同乗していた女性職員は今も行方不明。門脇小で降りた七人は無事が確認された。犠牲になった五人は大街道地区や蛇田地区に住んでいた。いつもは津波が直撃した南浜町、門脇町を通らないルートで送迎されていた。斎藤園長は『大きな地震が起きたら園にとどめるのが原則だ』としながらも『園庭に避難した子どもたちが不安がったり寒がったりしたので、親御さんの元に早く帰そうとした』とバスを動かした理由を語った」（「河北新報」二〇一一年三月二十七日付）

遺族は「高台にある幼稚園に残っていれば助かったのになぜ……」とやりきれない気持ちを抱えながら、「誰かを責めても切なくなる。こういう悲劇があったことだけは記録に残し、教訓にしてほしい」（同前）と語っています。五月になって園は遺族への説明会を開きます。

「地震直後に園を出たバスに、職員が一度は追い付きながら園児を連れ戻さなかった対応などに、遺族から批判が噴出した。斎藤紘一前園長（六六）や教員、バスの運転手ら幼稚園側から十二人と、亡くなった五人の園児の保護者らが出席した。高台にある園から津波が直撃した南浜、門脇町方面に向かってバスを走らせた理由や、門脇小に停車していたバスに教員二人が追い付きながら園児を徒歩で高台に避難させなかった経緯について、遺族が質問した。園側は『子どもをいち早く親元に帰したかった』とバスを出した理由をあらためて説明し『職員のほとんどは防災無線が聞こえなかった』『津波が来るとは思わなかった』などと釈明した。遺族は事故の経過を明らかにしようと、関係者への聞き取り調査を進めている。遺族の一人は『現場付近で、助けを求める子どもの声を聞いた住民がいる。助からなかったかもしれないが、せめて救出活動をしてもらえなかったのか』と涙ながらに訴えた」（「河北新報」二〇一一年五月二十二日付）

園長は「遺族の理解を得たとは思っていないが、誠心誠意で対応していくしかないと思っている」（同前）と話したとのことです。しかし、和解に向けたやりとりは実を結ばず、八月になって、園児四人の遺族は園側の対応に安全配慮義務違反があったとして、仙台地裁に提訴しました。

「園側の対応の問題点について、遺族側は（1）地震後の情報収集を怠り、バスを高台にある園から津波の危険がある海側へ走らせた（2）園職員が停車したバスに追い付いたのに園児を高台に避難させなかった（3）地震時のマニュアルを職員に周知せず、避難訓練もしていない――などと主張している。園側は、これまでの遺族とのやりとりで『南浜町を破壊するような津波の予測は不可能だった。一般論としては遺族の指摘の通りだが、法的責任はない』などと説明。園側の代理人は『訴状を見て対応したい』としている」（「河北新報」二〇一一年八月十一日付）

提訴後、遺族らは記者会見で次のように語りました。

「園の心からの謝罪が欲しい。起きたことを隠さず、教えてもらいたい」（同前）

「真相を明らかにし、全国の親や教育関係者に少しでも何かを考え、子供を守ってもらうきっかけにしたい。それが、亡くなった娘に対して（最後に）してあげられることだ」（同前）

今提訴中で、限られた情報しか公表されていませんが、「園庭に避難した子どもたちが不安がったり寒がったりしたので、親御さんの元に早く帰そうとした」とバスを動かした理由を語った園長の言葉を読んで、子どもたちの様子を想像しながら考えると、不安や寒さを解消してあげるために部屋で暖をとるなり幼稚園に泊めることも含めて考えられなかったのかと残念に思います。また、なぜ高台にある幼稚園から海の方角にバスを発車させてしまったのかは、遺族ならずとも理解に苦しむところではないでしょうか。

想定されていなかった津波

宮城県山元町でも幼稚園バスが津波にあう被害が起きています。私立ふじ幼稚園では、子どもたちを乗せ園庭に止まっていた二台の幼稚園バスを津波が襲い、四十三人が助け出されたものの、園児八人と職員一人が亡くなりました。

「濁流がなだれ込んだバスの車内では、懸命の脱出劇が繰り広げられた。園によると、三月十一日午後三時ごろ、職員らが園児五十一人を園庭に避難させた。木造二階の園舎は余震で危険と判断した。同十五分すぎに雨が降り出し、園児を大型、小型のバス二台に乗せた。津波は、そこに突然、押し寄せた。園児三十三人が乗った大型バスは津波に流され、正門の塀にぶつかって止まった。園児十八人が乗る小型バスは百メートルほど離れた民家まで流された。大型バスには職員五人がいた。濁流は天井近くまでに達し、園児はぷかぷかと浮き沈みし、パニック状態に陥った。職員によると、濁流との格闘は壮絶を極めた。ドアを開け、職員一人が屋根に上った。他の職員が車内から園児を持ち上げ、二十三人を屋根に脱出させた。園児一人が流され、職員が泳いで抱きかかえて救出、のぼり棒につかまり水が引くのを待った。別の職員は『車内に取り残された子がいないか確認した。もういないよね、いないでね……。祈るような気持ちで水中を探ったら、二人のリュックに手が掛かった』と言う。二人を引っ張り出し、がれきにしがみついた。屋根に上った職員は『子どもたちを助けなきゃと必死に引き上げた』と涙で振り返る。救出及ばず、七人が行方不明になった」（「河北新報」二〇一一年五月二十五日付）

小型バスのほうでは子ども一人と職員一人が亡くなりました。五月になって行われた遺族への報告会で、「なぜうちの娘を助けてくれなかったのか」と園側に怒りをぶつけた保護者が、「先生方だって必死だったはず。情報を収集して津波から避難ができていれば、誰もが悲しい思いをせずに済んだ。それを教訓にしてほしい」（同前）との思いも語っています。

この保護者の言う通り、なぜ津波から避難することをせず、バスに乗せたまま園庭にとどまっていたのでしょうか。園長は「津波への警戒心が足りなかった。それが最大の過ち。あの子たちのことを一生背負って生きていく」（同前）と涙ながらに語っていますが、実際、津波を想定した訓練などはそれまでしたことがなかったとのことです。

「園によると、近くの町の防災無線は警報が鳴らず、避難を呼び掛ける広報車も来なかったという。職員の一人がラジオで大津波警報を知ったが、全員に伝わらなかった。海岸から幼稚園までは約一・五キロ。園は地震や火災の避難訓練は年三、四回行っていたが、津波の避難訓練は一度もしたことがなかったという」（同前）

待機か退避か

宮城県山元町では、公立保育所でも悲劇があったことが次のように報じられています。

「町などによると、三月十一日午後二時四十六分、東保育所では大きな揺れに見舞われた後、保育士らが園児六十二人を園庭に避難させた。所長は指示を仰ごうと午後三時二十分ごろ、非番で駆け付けた保育士を町役場に派遣した。『総務課長から現状待機と指示された』。戻ってきた保育士はそう報告。迎えに来た保護者に引き渡した園児を除き、残った一〜六歳の園児十三人と職員十四人が指示通り、園庭で待機を続けた。事態が急転したのは午後四時ごろ。保育士の一人が南東約八十メートル先に津波を確認した。「津波だ！」。保育士の叫び声に所長は「車で逃げて」と指示。園児たちは職員の誘導で向かいの駐車場に移動し、保育士と居合わせた保護者の車計十台に分乗した。犠牲になった二歳男児、六歳男児、六歳女児の園児三人が乗ったのは保護者のワゴン車で、ほかに一歳女児と六歳男児の計子ども五人と主任保育士一人が同乗していた。六番目に保育所を出発したワゴン車は数十メートル先で、津波に遭い、駐車場に引き返した。主任は一、二歳児の二人を連れ、避難しようと車の外へ。『あっという間に水が胸まで来た』。そばにいた六歳女児を車の屋根に押し上げたが、六歳男児は水につかっていた。主任も近くの介護施設『愛広館』まで流された。愛広館には、ワゴン車に乗っていた保護者ともう一人の六歳男児らが避難していた。主任とおんぶしていた一歳女児は助けられたが、抱っこしていた二歳男児は直前に『手から離れてしまった』という。六歳女児は翌日、六歳男児は三日後、二歳男児は約一ヵ月後、それぞれ遺体で見つかった」（「河北新報」二〇一一年十月十四日付）

ここでも、職員が子どもたちとともに、津波が間近に迫るまで園庭で待機していたことで、犠牲が出てしまいました。先のふじ幼稚園と同様、東保育所も海岸からの距離は約一・五キロであるにもかかわらず、月一回の避難訓練は行っていたものの、津波を想定した避難行動計画はつくられていなかったことがわかりました。

「避難の際に車が駐車場を出た順番も、遺族側は問題視する。職員一人と園児三人の一台目、職員一人の二台目、所長を含む職員三人と園児一人の三台目までは難を逃れたが、四台目以降は津波に襲われた。遺族側は最多の園児五人を乗せたワゴン車が六台目だった状況に疑問を抱く。山元町の斎藤俊夫町長は『町の管理下において、幼い三人の犠牲者を出してしまった事実を真摯に受け止める必要がある』と話し、一定の責任を認めている。だが、徹底した真相究明と再発防止策を求める遺族側との協議はなお隔たりが大きい。『知らない間に半年以上たった。まだ三、四日前という感じがする』。二歳の一人息子を亡くした父親（二七）はそう振り返る。遺族の悲しみはいまだに癒えない」（同前）

そして、二歳と六歳の男児を亡くした二人の遺族は、十一月十四日、保育所側の対応に安全配慮義務違反や過失があったとして、保育所を管理する町に計約八千八百万円の損害賠償を求めて仙台地裁に提訴しました。

「遺族側は（1）町の課長が避難指示する広報車を出動させていたにもかかわらず、園庭に待機させる誤った指示をした（2）保育士らはラジオなどで情報収集せず、園児の避難が遅れた（3）園児六人が乗ったワゴン車には保育士一人だけで、津波からの救助は困難だと予測できた――などと主張している。遺族側によると、町側はこれまでのやりとりで『町の課長が退避と話したのを、保育士が待機と聞き間違えた可能性も否定できない』などと話したという。斎藤俊夫町長は十四日、『町として誠意を持って遺族に説明させていただいた。理解が得られず訴訟となってしまったことは残念。訴状を見た上で誠実、的確に対応したい』とのコメントを出した。津波で亡くなった宮城県山元町東保育所の園児二人の遺族は十四日の提訴後、仙台市青葉区の仙台弁護士会館で記者会見した。遺族は時折、わが子の生前の姿を思い出して言葉を詰まらせながら、提訴に踏み切った心境などを語った。『私たちの命より大切な子どもが亡くなった。その悲しみと同じほどの怒りを保育所側に感じる』。（中略）町側とは四月以降、計十一回の話し合いを続けたが、隔たりが埋まらず、怒りと不信は収まらない。（中略）『町は真実を語り、心から謝罪するべきだ。保育所の運営も改善し、このような事故が二度と起きないようにしてほしい』」（「河北新報」二〇一一年十一月十五日付）

遅れた報告

この山元町立東保育所をめぐる報道は、他の件よりも数ヵ月遅かったのですが、山元町から県への報告が遅れたこともその理由の一つとして考えられます。五月半ば、「保育中の園児死亡ゼロ……避難訓練・機転が命守る」との大きな見出しをつけて報じられた次の記事を目にした方は多いと思います。

「東日本大震災により宮城、岩手、福島の三県で被災した保育所が三百十五に上り、このうち全壊や津波による流失など甚大な被害のあった保育所が二十八以上あることが十三日分かった。一方で、保育中だった園児や職員で避難時に亡くなった例はこれまでに報告ゼロであることも分かった。三県から厚生労働省に報告された被災保育所の件数は、宮城県で二百四十三件（うち全壊・津波流失は十六件）、岩手県で三十四件（同十二件）、福島県で三十八件。福島県については被害程度の内訳は分かっていない。乳幼児を預かる保育所は、各種災害を想定した避難訓練を毎月行うことが義務づけられている。大地震が襲った三月十一日午後二時四十六分は、保育所では昼寝の時間帯だった。保育士らが園児を起こして身支度させ、乳児をおんぶするなどして集団避難したとみられる。避難時の状況を保育所から聴取した宮城県子育て支援課によると、異常な揺れを感じて日頃の避難ルートをやめ、さらに高い所へ逃げたため全園児を守ることができたケースもあったという」(「読売新聞」二〇一一年五月十四日付)

私は、この時点で山元町の公立保育所で保育中に二人死亡、一人行方不明との情報を得ていましたので変だなと思い、記事を読み直したところ「報告ゼロ」の文字を見て、まだ県に報告がなされていないことを理解しました。それで、十六日から二十日の間だったと記憶していますが、山元町に電話を入れ、保育所の担当者(だれかはわかりません)に「山元町の公立保育所で二人亡くなっているでしょ。もし、犠牲者の保護者がこの記事を見たらウチの子は保育所の子どもではなかったのかとなりますよ」と言いました。電話口の方は「保育中ではないと聞いています」と答えました。それで、県の子育て支援課にも同様の電話をし、県として確認すべきではないかと伝えました。

その後、六月二十四日には、今度は『週刊朝日』が、「保育中の園児三人死亡　三ヵ月放置のあきれた『言い訳』」との見出しをつけ、「『保育中の園児死亡ゼロ』との見出しを一面で掲げたのは五月十四日付の読売新聞だった。被災した各県で死亡事例の報告がないことを取り上げて、こう記した。〈『奇跡の犠牲者ゼロ』と保育関係者などの間で言われている〉命がけで子どもを守った保育園は確かに少なくなく、その後も民放テレビ局の情報番組などが特集を組んだが、実際には園に預けられたまま死を遂げた子どもがいることも知るべきだろう」とし、東保育所での犠牲について報じています。そして、その後の町の対応についても痛烈に批判しています。

「町役場は遺族への説明会を開いたものの、説明の場を求めた保護者会には対応せず、県への報告も怠ってきた。その結果が読売の記事に表れたわけだ。町役場を訪ねてみると、『(保育所の管理下で亡くなった児童に支払われる)特別弔慰金の手続きもあるので、すでに県には報告してありますよ』と話す担当課長が、目の前に担当職員を呼びつけた。『報告はしたんだよな?』と確かめる課長に、職員は小さな声で力なく答えた。『し、してないです……』しばしの説教のち、課長が詫びてくる。『報告が遅れてしまって、申し訳なく思います』担当職員の弁明はこうだ。『県から書類は届いていたが、当初は忙しくて返せなかった。読売の記事が出たあと、県に電話で概要を伝えたが、津波に遭ったのが敷地を出たとこの駐車場だったので、保育中(管理下)と言えないかもしれないとの議論があって、最終的に保育中と判断するまで時間がかかった。今は書類を出そうと準備をしていたところで、決して隠そうとしたわけではありません』保育中の子どもがなぜ命を奪われたのか。その検証にはまだまだ時間がかかりそうだ（本誌・藤田知也）」（『週刊朝日』六月二十四日号）

徹底的な検証ときめ細かな議論を

私は、山元町役場の担当者の方々も意図的に報告を遅らせたと思っているわけではありません。でも、町と犠牲者の保護者との間に大きな隔たりが生まれた背景の一つに、この対応のまずさがあったのではないかと思っています。二度とこのような悲劇をくり返さないためにも、今後の防災対策のためにも真実を追究し、徹底的に検証しなければなりません。

山元町の二つの悲劇は、ふじ幼稚園も東保育所も海から約一・五キロの地点に位置するところでありながら、津波が想定されていなかった点が悔やまれます。ふじ幼稚園の園長さんの「津波への警戒心が足りなかった」と言われていることもまったくその通りだとは思いますが、感知した情報をだれがどのように流したのか、どのように広報したのかを徹底的に検証するところからはじめる必要があるのではないでしょうか。

保育園や幼稚園の今後の防災システムは、それぞれの園での保護者との連携や避難訓練などの管理体制を整えること。同時に地域全体の中にどのように組み込んでいくのか、地域の実情にみあった体制づくりを具体的にきめ細かく議論し検討していくことが必要なのではないでしょうか。

なぜ今「新システム」？

東日本大震災は、津波と福島原発の爆発によって多数の犠牲者を出し、家屋のみならず何十年、何百年という長い年月をかけて創られてきた各地のコミュニティーそのものを根こそぎ破壊しました。そして、被災地は、復旧すら進んでおらず復興には程遠い地域がほとんどで、今なお多くの人々を苦しめ続けています。このような今、なぜ、「新システム」なのかと怒りを覚えます。

現在、特別委員会で審議されていますが、この社会保障と税の一体改革関連七法案の中には「新システム」の関連三法案も盛り込まれています。この「新システム」に関しては、保育の市場化をねらい、子どもにとってはもちろん、保護者にとっても、保育者にとっても、幼稚園・保育園の経営者にとっても大きな問題のある中味であることはすでに明らかです。詳細についいては明らかにしないで、法案を通してから徐々に明らかにしていく策であることも明確になってきています。なぜ国は、今でさえ充分に責任を果たしきれてないにもかかわらず、さらにこのように国や自治体の責任を大きく後退させ市場化に突き進むのでしょうか。保育の市場化で、子どもの命は守られるのでしょうか。保育の市場化に反対し、すべての子どもの人権保障をしていくために連帯して運動を前進させる立場から、市場化の中にある無認可保育所の視点から運動の問題を考えてみたいと思います。

責任の所在はどうなるのか？

震災から一年が経ち、宮城県内の保育現場からは、保育施設の復旧や防災対策にかかわる行政の施策に対してさまざまな問題が指摘されるようになっています。たとえば二〇一二年四月二十六日付「しんぶん赤旗」は、被災した宮城県多賀城市の園が市に対して開催を求めて開かれた市内保育施設全体の合同会議において、「公立保育園だけではなく、私立保育園や無認可保育園にも防災無線を設置し、園舎の危険度判定をしてほしいとの声があがりました。要請を受け、市は私立保育園に防災無線を設置しましたが、危険度判定はおこなっていません。無認可保育所は防災無線の設置も危険度判定もされていないといいます。菊地智恵子所長は『同じ福祉施設でも、公立と私立、無認可で災害時の対応の差が大きい。同じ市民の子の命が平等に扱われていないのは問題です』と訴えます」と報じています。この多賀城市の対応は、現行保育制度の大きな問題点を明確に示しています。

では、「新システム」になった場合はどうなるでしょうか。子どもの命を守るために必要な基準、たとえば最低基準についても、国が責任を持って保障するかわりに「参酌すべき基準」「従うべき基準」へ引き下げていくという考え方からすると、防災無線も危険度判定も、「必要ですよ」という基準を示すだけで、あとは「自己責任で」ということにもなりかねません。

また、私は先の山元町の担当者を個人攻撃する気持ちはまったくありません。私たちの保育園の保護者にも自治体職員として働く方がいて、震災後、日夜を問わず闘うように仕事していましたから、とくに被災自治体の職員は、どんなに大変な思いをして働き続けているか、理解しているつもりです。そして、担当者が県への報告が遅れた理由として、「津波に遭ったのが敷地を出たとこの駐車場だったので、保育中（管理下）と言えないかもしれないとの議論があって」「決して隠そうとしたわけではありません」と語っていることについても、保育中であったのか否かは、非常に重要ですし隠せるものなら隠したいと思っても不思議ではないとさえ思います。その葛藤が報告を遅らせたのではないかと推測します。現行保育制度が生きている今では、自治体職員の立場からみると保育中（管理下）であるのか否かは、それによって責任の所在が決定されるわけですから大きな違いがあります。

しかし、「新システム」が導入されると、市町村は事業者を指定しますが事業内容に責任を持つわけではないので、公的責任はなく事業者の責任となります。このような犠牲者に対しても公的責任ではなく自己責任となってしまいます。「子どもは社会の宝」としながらも、実際には公的には守られないような方向で新しい保育制度が審議されようとしている時、私たちは、どのような運動を展望すべきなのでしょうか。

子どもの人権を保障するための制度拡充を

私は、「新システム」反対の立場ではありますが、「新システム反対、現行保育制度を守れ」だけの運動では不十分だと考えています。現行保育制度が真に拡充されない限り無認可保育所の二十三万の子どもたちにとっては今までとなんら変わらないからです。私たちは、すべての子どもたちに国や自治体の公的責任において確実に保育が保障されることを願って運動してきました。一人ひとりに「現金給付」を求めてきたわけではありません。

無認可保育所は、認可保育所と働く保護者の多様な保育要求との間には大きな隔たりがあり、絶対数も不足しているなか、児童福祉法二十四条第一項「ただし書」にもとづく認可保育所の補完的役割を担っています。かつて、「設置主体制限撤廃」の是非をめぐって、認可基準を満たさない無認可保育所より基準を満たした企業のほうがよりましだというような趣旨の発言をした保育研究者がいました。認可保育所に入りたくても入れない子どもたちを受け入れるため、産休明け保育、長時間保育、障害児保育、緊急一時保育、二十四時間保育、病児・病後児保育など無認可保育所がこれまで積み上げてきた先駆的な実践を踏みにじる発言だと感じましたが、それでも認可基準を満たさない無認可保育所が、認可基準を満たした認可保育所に入れない子どもたちの生活の場になっている事実は厳然としてあるのが現状です。

東日本大震災後、気仙沼市でもすぐに二つの無認可保育所が立ち上がりました。

「保育スペースつぼみ」は、震災直後に閉園が決まり、職員十五名が全員解雇された認可保育所新生保育園の元職員の七名が、園児の保護者から寄せられる「仕事をはじめたいのでまた子どもを預かってほしい」の声に、「なんとかしなければ」とはじめたものです。市内のアパートの一階事務所跡を借り、みんなで費用を出し合って改修した二十畳あまりの一室で、生後五ヵ月から三歳の乳幼児二十人の保育をはじめました。

そしてもう一つ、「キッズＲＯＯＭおひさま」は、震災で建物とおばあちゃん理事長を失い閉園した南気仙沼幼児園（定員百二十名）の理事長の遺志を受け継いだ親族が、行き場をなくした子どもと保護者の強い要請で「とにかく預かる場所を」と食堂のプレハブ倉庫を借りてはじめたものです。上下水道はなく、子どもたちは弁当と水筒持参でトイレは介護用のポータブルトイレ、コンクリートの床にアルミマットを敷き詰めた部屋に一歳児から就学前の子ども三十人が生活しています。無認可保育所は、たとえ認可保育所と比較して「劣悪な保育環境」といわれても、保護者の強い保育要求にもとづき、今を生きる子どもたちを守るために補完的役割を担ってきているのです。

私たちは、保育の公共性や公益性を考えた時、保育水準をよりよいものにするためにも基準は重要だと考えています。しかし、選別のための基準ではなく基準に見合ってない無認可保育所を財政的援助もしながら基準まで到達させることが重要で、そうしなければ、たとえ切り捨ててもそこには子どもが存在しているのが現実だからです。無認可保育所で生活する子どもたちを積み残したまま走り続けてきた現行保育制度については、制度を壊すのではなく水準を引き上げる方向での抜本的な制度拡充による「制度改革」が必要なのではないでしょうか。子どもの生活実態を見据えながら、すべての子どもがよりよい生活環境の中で健やかに育つために国や自治体はどのように責任を果たすべきかを議論し、立場を超えた運動にしていきたいものです。

さいごに

東日本大震災は、私たちに多くの課題を投げかけました。震災によって多くのことを考えました。毎日の子どもたちとの生活のあり方は、「命を守る」点でも非常に大きいと感じました。自立歩行できない子どもは、二本の腕でしか抱えられません。自立歩行できる子どもが自分で考え、行動できる力、「生きる力」をつける保育が問われているのだと強く思いました。保育園の規模ともかかわってきますが、子どもにとって保育園が本当に安心・安全なあそびの広場になっているのかの点検を迫られているとも思いました。当然、保護者との信頼関係も試されます。お互いの信頼関係が、子どもの生活の基盤にあることによって子どもの足がしっかりと地についた生活を保障していくのだと思いました。

保育士たちもじつによく動きました。日頃の子どもたちとの関係がこんな時でも生きるのだと思いました。保育士自身家族・子どもを抱えながら、きっと不安な状態だったと思いますが、目の前の子どもとしっかり向き合い子どもの不安を少しでも和らげるように「大丈夫！　大丈夫！」と語りかけながら保護者の迎えを待ってくれました。再開前日には、休日にもかかわらず集まり、掃除・点検をして再開することができました。

私たちの保育園では全国のみなさんの物心両面でのご支援によってなんとか再開すること

ができましたが、県内沿岸部の保育園や幼稚園ではまだまだ復旧すらできていない地域もたくさんあります。県内の公私立・無認可などの各団体が加盟する宮城保育センターでは、一人の男性保育士が決意して「復興支援担当」の専従者となりました。活動は、沿岸部の保育状況の把握や保護者や保育者の保育要求を実現し、地域の復興を支援することです。先に紹介したように二つの無認可保育園が生まれた気仙沼市では、これまで、無認可保育園に対して年間で三歳未満児四千円、三歳以上児二千円の補助金しかありませんでした。彼が厚生労働省や宮城県、気仙沼市との折衝のなか、年間ではなく月額四千円、二千円に大きく引き上げることができました。これははじめの一歩ですが、すでに毎日車で気仙沼、南三陸、石巻、塩釜、多賀城、仙台、名取、亘理、山元など壊滅的被害を受けた地域をまわり、情報収集しています。今後、全国のみなさんに情報提供していきます。どうぞ全国のみなさんのご支援をお願いいたします（次頁）。

宮城県の震災復興はまだまだです。やっと原発の稼動がすべて止まりましたが、危険物はそこにあるわけで廃棄まで相当な時間がかかりそうです。福島原発も多くの問題を抱えています。食品への影響による内部被爆など心配は当分の間続きそうです。課題は山積していますが、みんなでしっかりと手をつないで一つひとつ乗り越えていきたいと思います。

支援先　宮城県保育関係団体連絡会
〒九八〇—〇〇二一　宮城県仙台市青葉区中央四—三—二八—四階
口座名　宮城県震災被災保育所支援センター
口座番号　02270—8—118842

街の復興、心の復興

猪熊弘子　ジャーナリスト

　昨年四月以来、何度かにわけて東日本大震災のほとんどの被災地を訪れました。今年のゴールデンウィークには自分の子どもを連れて宮城県内の沿岸部の被災地をまわりました。震災後一年の歳月を経ているというのに、未だ復興とはほど遠い状態のままになっている被災地の状況を見て、胸が締め付けられるような気持ちになりました。子どもたちもテレビで見るのとは違う現実を見て、ショックを受け、多くのことを考えたようです。

　現地で保育にかかわっている方たちの壮絶な体験を知り、その中で子どもたちに精いっぱいかかわり、復興への努力を続けている様子を見るたびに、頭が下がる思いでいっぱいになります。どんな悲惨な状況にあっても、多くの保育者が「子どもを守る」ことに自分の命をかけていることを改めて強く感じました。そして、それこそが保育者の究極の存在理由なのだ、ということも……。

じつは私は、一九九五年に阪神・淡路大震災で被災した経験があります。当時住んでいた西宮市内の被害は大きく、市内で千人以上もの方が命を落としました。今も震災直後の倒壊した家並みや血だらけになって救助を待つ人々の表情、火災の煙や焼け跡の光景などが、まるで昨日のことのようにクリアに脳裏に浮かびます。

幸いにも私が住んでいた家は大きな損傷もなく、水やガスが丸一ヵ月ほど止まっただけですみました。それでも震災は私の心に大きな傷を残しました。「街が失われた」ことによる喪失感は予想以上に大きいものでした。お隣の芦屋や神戸を含め、当たり前の光景が突然失われたのです。西宮で暮らしはじめてわずか一年半ほどの私でもそうだったのですから、もともとその地域で生まれ育った方たちが味わった喪失感は、どれほど大きかったのでしょうか。しかも地震は自然災害ですから、だれも恨むことができません。不条理の極みです。

取材で悲惨な体験を山のように聞き続けるうち、その重さにも耐えきれなくなってきました。半年後に燃え尽きた私は、壊れた街から逃げるように一週間ほど海外に行き、ようやく冷静さを取り戻すことができました。

知人の中にはご家族を亡くした方、家が壊れた方もいました。震災がきっかけでバラバラになった家族もありました。神戸市東灘区に住んでいた友人は、住んでいた家が壊れ、幼い子どもを守るために、夫を残して実家のある岡山県に移り住みました。彼女はその後離婚し、二人の子どもを一人で育ててきたのですが、十七年経った今もなお「自分は被災地を捨てて逃げたのだ」という罪悪感から逃れることができないでいる、と言います。未だにそんな心の傷を抱えながら暮らしている人が大勢いるのです。

阪神・淡路を上回る被害を受けた東北地方の方たちの心の傷の大きさは計り知れません。毎日、壊れた街を見て暮らしているうちに少しずつ心は荒んできます。喪失感や虚無感が心の中に静かに澱のように積もっていきます。東北の被災地で保育にあたっている方たちも、同じように心に大きな傷を抱えているに違いありません。自分自身が津波で家を流されたり、家族を亡くしたりしたのに、目の前の子どもたちにいい保育をしようと、泣かずにがんばり続けている方もいるでしょう。あるいは、震災当日、保育所にお迎えに来た親に引き渡した子どもが津波にのまれて亡くなってしまったことをずっと後悔し続け、自責の念に駆られ続けている保育者もいることでしょう。

でも、それではいつか心が折れてしまいます。亡くなった子どもたちのことはもちろん忘れてはいけないことですが、まずは現実に目の前にいる子どもたちにいい保育をすることを考えなければなりません。そのためには、保育者の心が健全であることが必要です。心が折れる前に、少しずつ悲しみをはき出していくことです。どうぞ、つらいときには「つらい」と声をあげて泣いてください。そんな被災地の保育者たちの悲しみを正面から受け止め、心の傷をケアしていくことが、被災地外に暮らしている私たちの役目なのです。保育者を支えていくことが、結局は被災地の子どもたちを支えることにつながっていくのです。

東日本大震災のちょうど一ヵ月前の昨年二月十一日、私は取材のために神戸市東灘区を訪れていました。阪神・淡路大震災の翌年、関東に戻って長女を出産して以来、じっくりと神戸を歩いたのははじめてのことでした。その日訪れたのは、東灘区の中でもとくに震災の被害の大きかった地域。震災のあと、取材でも歩き回っていた地域ですから、当時の街の風景はよく覚えています。倒壊していた建物はすべて新しく建て替えられ、道路は整備され、街は美しく生まれ変わったように見えました。しかし、表通りからちょっと外れた場所では、荒れ果てた小さな空き地をいくつか見かけました。家を建て替えるために最近更地にしたわけではなく、どうやらそこは震災のあとからずっとそのままになっているようでした。十七年経ってもまだ、完全に復興していない場所もあるのだと痛感しました。

阪神・淡路大震災のあと、お金がある人はすぐに別の場所に引っ越したり、家を建て替えて、あっという間に「復興」していきました。しかし、お金がない人はそうはいきませんでした。二重ローンを抱えたあげく、せめて自分の生命保険を家族に残すために自殺するしかない、と言っていた知人もいます。今、東北でも同じように、経済的な格差が復興の格差につながっているのではないでしょうか。個人にとどまらず、自治体の財力の格差も、その街の復興の格差につながっていきます。個人にできること、小さな自治体でできることには限りがあります。その場合、やはり国がやるしかありません。天災という不条理から人を分け隔てなく救うことができるのは、結局、「公的なもの」でしかありえないのです。

そんな大変な状況を抱えているこの国で、もっとも「公的なもの」であるべき保育がなくされようとしています。検討されている「新システム」のもとでは、保育は「公的なもの」ではなくなります。法案によれば、自治体に課せられているのは保育の「義務」ではなく、保育が行き届くように計画する「責務」にとどまることになっています。現行制度下の現在でも、被災地の保育所やそこにいる子どもと保育者はほとんど放置されているに等しい状況なのです。「新システム」が導入されたら、国が保育所の復興に今以上に力を尽くせるわけがありません。

気仙沼の「保育スペースつぼみ」と「キッズＲＯＯＭおひさま」の例には、保育の原点をみる思いです。行き場のない子どもたちを保育する無認可保育所の意義と力を再認識しました。しかし自助努力にはやはり限界があります。今よりももっと「公的なもの」の力を使えるように現行制度を改めて、さらに充実させていかなければなりません。もちろん「新システム」ではそれは不可能です。

復興にはまだまだ長い時間がかかるでしょう。お金はもちろん、人の手も必要です。今、保育所や幼稚園に通っている年齢の子どもたちがそれを担っていくことになるでしょう。そんな子どもたちこそ、大切にしなければならないはずです。それなのに、子どもたちに十分なお金をかけずに育てようという、ご都合主義で冷酷な国の姿勢を、私はかつての被災者の一人としても容認することができません。

震災から時間が経つにつれ、被災地以外の地域の人々の関心は自然と薄れていくものです。しかし負けずに何度もくり返し伝えていきたいと思います。被災地の子どもたちと保育者の「心の復興」、そして保育所などを含む「街の復興」を支えていくために、被災地の外にいる私たちにできることは、まだまだたくさんあるのです。

子どもたちが問いかける「もう一つの生き方」

大宮勇雄
福島大学

「人間の復興」という言葉がある。関東大震災後、港湾や道路など大規模開発優先の政府方針を批判し、暮らしや仕事の復興こそ優先すべきと訴えた福田徳三氏の言葉である。

東日本大震災から一年余の今、この言葉の意味がはっきりとわかる。福島の子どもたちは未だに、大地も心地よい風も、水あそびも畑の栽培も虫取りも、そのほとんどを奪われたままである。丹精込めて育てた米や野菜を子や孫に食べてもらえないのではと、長年の農業をやめていく方もいる。程度の差はあれ、福島県内全域の子育て・保育に共通する、こうした苦悩は消えるどころかますます深くなっている。

暮らしはまだこんな状態なのに、そして原発内部の状態すらつかめていないのに、政府は事故の収束を宣言し、再稼働の議論ばかりしている。「日本」や「経済」の復興には声高な関心を向けるが、日々の暮らしの困難さに目を向けないようでは「人間の復興」はない。

そうした中でも、私たちは、人間らしい生活の、人間らしい育ちの復興に向けて一歩ずつ歩みはじめている。「人間の復興」には子どもの存在は欠かせない。子どもがいるからがんばれるし、子どもたちがいるから私たちの未来がある。言うまでもない。しかし、子どもにはそれ以上の存在感がある。たいへんな苦労と苦悩の中にあるとき、どれだけ子どもたちに励まされたか、学ばされたかと、本書でみなさんが語っている。笑顔だけじゃない、それ以上のものを子どもは私たちにもたらす。「人間の復興」にとって、子どもの声に耳を傾けることの格別な重要性について、少し書いてみたい。

震災から一年経ったころ、福島の地元紙に、小学生のお孫さんをもつおじいちゃんからの投稿が載った。「ぼくは、原発が生まれる前の時代に生まれたかった」と訴えたという。何年も続く健康不安、相次ぐ友だちとのお別れ、以前と変わってしまった風景……、そうした中で一年以上も考え続けてきたことだったのだろう。それに対して、おじいちゃんは、これから医療も進歩するし、安全な社会づくりにむけて科学技術もいっそう発展していくからと、安心して大きくなってほしいという気持ちを込めて話された。

もちろん、時計の針を戻すことはできない。しかし、この小学生は、今の社会のあり方を根本から見直すべきではないかと訴えている。子どもの声には、物事を根本から問い直すエネルギーがあるのだと思う。もっと「別な生き方」があるのではないかという大きな問いかけがある。そこでおとなはハッとする。惰性や現状維持ではない、「別な社会、もう一つの生き方」を探してみなくてならない、と。子どもの問いは一見非現実的だが、別な希望が現実にあることに気づかせてくれる。

だから、「もう一つのあり方」を求める子どもの声に正面から向き合おうとする人はだれでも、重たい問題を抱え込まざるをえない。

八木澤さんは、園の先生たちが子どもたちと正面から向き合ったときのことを書いている。六歳の女の子が、「なんで津波が来たんだろう」「園長先生がさっ！　Tちゃんたちにお家に帰らないで！って言えばよかったじゃん‼」と問う。そして「Tちゃんに会いた〜〜〜い！！！」と抱きついてきて、先生も「会いたい」といっしょに大声で泣いたと。

あまりにもまっすぐな子どもの問いに向き合うというのは、本当につらいことだ。だがそうした中で、「目には見えないものだがまぎれもなく寄り添い、思い合っている子どもたちの姿」が、先生たちにはっきりと見えてきた。園の友だちにも、天国の友だちにも、そしておとなに対しても、子どもたちは寄り添い、思いやっている。そして卒園式の日、一人の子が「大きくなったら保育園の先生になりたい」と思いを語る。先生たちはどんなにうれしかったか。

おそらく、大槌保育園の子どもたちは、先生たちが自分と同じような悲しみを抱いていて、それでも自分たちにやさしくしてくれたことで、悲しみとの向き合い方を学んだのではないだろうか。八木澤先生の、この悲しみをずっと抱いて生きていくという保育者としての生き方を子どもは感じていたのだろう。だから、自分も保育者になりたいと思うようになったのではなかったか。「もう一つのあり方」を求める、子どもたちの重たい問いかけに、私たちが正面から向き合うとき、おとなも子どもも、もっとすてきに生きていくことができるのだと思った。

鈴木さんと大澤さんは、未だ放射能災害が続いている福島の地で暮らし、子育てをしていくことを選んだ。「なぜ、避難しないのか? リスクを少しでも減らすためには避難したほうがいいのではないか」と問われる方もいるだろう。現在の放射線量が、子どもの健康に将来どのような影響をもたらすか、専門家の間ですら意見が大きく隔たっている。だれも確実なことが言えない中で、自主避難という選択も、避難せずに暮らしていくという選択も、どちらも深い苦悩の末の——ときには家族内の深刻な意見対立の中での——やむをえぬ決断である。だから、どちらが正しい選択かを外から問うのではなく、どちらを選ぶにせよ、その暮らしや子育てを全面的にバックアップするのが政府の責任だと質すべきだと思う。

それらのことを前提にしたうえで、お二人がなぜ、福島で子育てをしていけそうだという結論に至ったのかを考えてみたい。

さくら保育園とさくらみなみ保育園では保育者も保護者も、何度も学習会をして放射能や原発のことを学んだ。みなさん、「これまでの人生でこんなに真剣に勉強したことがない」

と話す。その中で、子どものあそびや生活を守るために、自分たちの手でできることがたくさんあることを知り実践した。何度も学ぶことで、「外で思いきり遊びたい」という子どもの声に応えなくてはとおとなたちの心がつながることができ、苦労の末に一歩ずつ、水あそびや外あそびや、雪の日に未満児が「はじめて地面を歩く」ことが実現していった。

開園以来、毎月保護者とのクラス懇談会を続けてきたさくら保育園でも、外あそびや水あそびをめぐっては重たい雰囲気で沈黙が続いたという。「外あそびができるようになった」とひとくちに言うが、除染が進んだから、線量の値が少し下がったから、保護者アンケートで賛成多数だったから、そうなるというような簡単なものではない。不安感に大きな温度差がある中、「出すか出さないかは保護者の判断に任せます」というだけの安易な方針は受け入れられない。園としての責任ある判断が求められる。学習と取り組みの積み重ねによって園への信頼が高まり、賛成意見と消極意見の相互理解が深まっていってはじめて納得のいく合意が——それでも最終判断は各人にゆだねつつ——得られていく。

こうした中で鈴木さんや大澤さんは、子どもを「守る」だけでなく、しっかりと「育てる」ことができるという手応えを感じたのではないか。たとえ健康被害が最小限に食い止められたとしても、その間、「ないないづくしの子ども時代」では子どもたちに申しわけが立たない。しかし自分たちが声を上げ、自分たちができることを精いっぱいやることで、一歩ずつだが、「当たり前の子ども時代」に近づけることができると実感されたのではないだろうか。そうした実感、つながり合って進んでいけるという信念があってこそ、自らの選択を納得できるようになったのではなかったかと思う。

ここでも、子どもの声に応えようと手をつなぐことで、おとなたちの生き方が豊かなものになっている。

「子どもの権利条約」は、子どもにかかわるすべてのおとなに対して、子どもの声に真剣に耳を傾け、尊重することを義務づけている（第十二条「子どもの意見表明権」）。子どもたちの声は、私たちに「もう一つの選択」があったのではないか、「もっと別な社会を創ることができるのではないか」と、根本からの重い問いを投げかけている。それに真剣に向き合うことはたんに子どもの要求に応えること以上の意味を持っていると思う。

藤崎さんは、子ども・子育て新システムが導入されたら、震災後の保育園の復興に大きな支障が生じると指摘している。「新システム」の根本にある問題は、現在の児童福祉法に規定されている「市町村の保育実施責任」を解体しようとしている点にある。「保育の実施責任」が法律に書かれていることの意味はきわめて大きい。待機児童問題の解決のために保育所を作らなくてはならないのも、家庭の事情で保育料滞納が生じた際にも市町村が肩代わりをして保育が継続するようになっているのも、すべてこの条項があるおかげである。要するに——言葉としては明記されていないけれど——、質のよい保育を受ける子どもの権利が認められているのだ。

「新システム」はその市町村の実施責任を解除する。そしてその代わりに、「保護者の自己責任」を強調する。国会審議中のその法案中に、市町村の保育に対する責任に関する次のような条文がある。

「(市町村は) 子ども及びその保護者が置かれている環境に応じて、子どもの保護者の選択に基づき、多様な施設または事業者から、良質かつ適切な教育及び保育その他の子ども・子育て支援が総合的かつ効率的に提供されるよう、その提供体制を確保すること」

「良質で適切な保育」は、「保護者の選択に基づき提供される」ものだとこの条文は言っている。しかし、「良質で適切な保育」には、保育条件と保育者の専門性とそれらへの財政保障が欠かせない。そのためには、国や自治体が直接、「良質で適切な保育」に責任を持つ必要がある。子どもが小さければ小さいほど、事前に、行政の責任で質を保障しなければならないのはだれの目にも明らかなのに、決してそうは書かない。「良質で適切な保育の提供」

は保護者の選択にゆだねればよい、その結果は保護者の自己責任であるというのが、「新システム」の主張である。

これで、子どもを守れるだろうか。子どもの声に応える質のよい保育がどの子にも届くだろうか。「新システム」が導入されたら、保育・教育の条件や内容に格差がある多様な施設や事業者の中から、その家計や地域の実情に応じて、保護者は「選択」しなくてはならない。「新システム」の言う「選択」は、経済力に応じて「購入する」ことだけをさしている。保育・教育の選択を保護者の自己責任にしてしまったら、不適切な保育・教育を選んでしまった親を苦しめることになろう。

子どもの声に向き合っているおとなは、もっと学ぼう、心を通い合わせよう、多くの人と手をつないでいこうと生きている。その中で、被災地だけでなく日本全体が進むべき、社会や保育の新たな方向性を切り開いている。私たちも学びながら進んでいこう。福島では、風評被害につながるから子育ての不安や放射能問題を大げさに取り上げるべきではないという無言の圧力がある。しかしそれはまちがっている。子どもたちの不安や疑問や願いに向き合う中でこそ、被災地だけでなく、日本社会全体にとっても、本当の安心や希望を実現することができるのだと思う。

●執筆者紹介

八木澤弓美子
岩手県大槌町・社会福祉法人大槌福祉会大槌保育園園長

鈴木直子
福島県福島市・社会福祉法人わたり福祉会さくら保育園保育士

大澤由記
福島県福島市・社会福祉法人わたり福祉会さくらみなみ保育園保護者

藤崎隆
宮城県角田市・ＮＰＯ法人かくだ共育ちの会なかよし保育園園長

中西純子
東京都社会福祉協議会保育部会保育士会ＯＢ
東京都・社会福祉法人和光会運営杉並区立荻窪北保育園元園長

菊地知子
お茶の水女子大学人間発達教育研究センター講師

猪熊弘子
ジャーナリスト・東京都市大学人間科学部客員准教授

大宮勇雄
福島大学人文社会学群人間発達文化学類教授

●装幀　山田道弘

忘れない！　明日へ共に——東日本大震災・原発事故と保育

2012年６月20日　初版発行

編　者　『現代と保育』編集部
発行者　名古屋　研一
発行所　㈱ひとなる書房
東京都文京区本郷2-17-13
広和レジデンス
TEL 03（3811）1372
FAX 03（3811）1383
E-mail：hitonaru@alles.or.jp